FILOSOFÍA PARA DIRECTIVOS

Rais Busom

FILOSOFÍA PARA DIRECTIVOS

LID

MADRID | CIUDAD DE MÉXICO | BUENOS AIRES | BOGOTÁ
LONDRES | SHANGHÁI

Colección Acción Empresarial de LID Editorial
Editorial Almuzara S.L
Parque Logístico de Córdoba, Ctra. Palma del Río, Km 4, Oficina 3
14005 Córdoba.
www.LIDeditorial.com
www.almuzaralibros.com

A member of:
BPR
businesspublishersroundtable.com

EAN-ISBN13: 978-84-17880-56-9
Directora editorial: Laura Madrigal
Corrección: Cristina Matallana
Maquetación: produccioneditorial.com
Diseño de portada: Juan Ramón Batista
Diseño fondo guardas: freepik.es/microone
Impresión: Cofás, S.A.
Depósito legal: CO-1009-2023

Impreso en España / Printed in Spain

Primera edición: mayo de 2023

Te escuchamos. Escríbenos con tus sugerencias, dudas, errores que veas o lo que tú quieras. Te contestaremos, seguro: *info@lidbusinessmedia.com*

«Una filosofía debe desagradar.
Hay que desconfiar del entusiasmo por una filosofía;
es señal de que un temperamento la hizo suya».
SGALAMBRO, M. *La muerte del sol*, p. 41.

A mi tío Francisco Zabala, gran mentor
y directivo, *in memoriam*.

ÍNDICE

NOTA DEL AUTOR

«Poi ch'innalzai un poco più le ciglia,
vidi 'l maestro di color che sanno
seder tra filosofica famiglia»
[Y alzando un poco más las cejas
vi al maestro de aquellos que saben,
sentado en medio de la filosófica familia]

DANTE ALIGHIERI. *Divina comedia,*
Infierno, IV, pp. 130-132

Este libro me ha permitido volver a sumergirme en el mundo de la filosofía. Releer algunos autores me ha acercado al recuerdo de algunos ilustres profesores que despertaron o acrecentaron mi interés por esta materia y de varios libros clave que fueron la semilla de una vocación nunca abandonada.

A los catorce años empecé a leer ensayo: libros de psicología, psicoanálisis y psiquiatría. Mi idea era estudiar la carrera de Psicología, pero a los 16 años se cruzó ante mí el libro de Manuel García Morente *Fundamentos de filosofía* y, a partir de entonces, tuvo lugar mi conversión absoluta a la filosofía y no volví a cambiar de idea. Leí muchas obras de filósofos antes de entrar en la facultad. Entre las que mayor impacto me provocaron se encuentran *Lecciones preliminares de filosofía,* del mismo Morente, *Ética,* de Spinoza, *Tractatus logico-philosophicus,* de Ludwig Wittgenstein, *Ser y tiempo* y *¿Qué* *significa pensar?*, de Martin Heidegger, y varios libros de Xabier Zubiri, como *Sobre la esencia* e *Inteligencia sentiente*. La memoria de esta etapa me permite empatizar con las personas que se acercan a la filosofía por primera vez. Es un hueso duro, pero veremos que hay estrategias para que no lo resulte tanto.

Recuerdo con gran admiración al profesor Domenico Novacco de cuando iba al Liceo italiano, un sabio de conocimientos enciclopédicos que realizó su tesis sobre Hegel y que daba las clases de filosofía de memoria debido a que estaba afectado por una ceguera que intentó curar en Barcelona. Él me orientó en varias lecturas filosóficas antes de empezar la universidad.

También recuerdo muy afectuosamente a Francesc Fortuny, quien fuera padre franciscano y luego catedrático de filosofía medieval en la Universidad de Barcelona, experto en Ockham, de quien me considero discípulo. A pesar de su cátedra, era un gran experto en filosofía contemporánea, especialmente en filosofía del lenguaje. Fue relator de mi tesis de licenciatura junto a la directora Cristina de Peretti, de la UNED, especialista en Jacques Derrida.

Merece mención el profesor Miguel Ángel Granada, catedrático de filosofía del Renacimiento en la Universidad de Barcelona, quien me apoyó con becas para estudiar en el Centro di Studi Vichiani y en proyectos editoriales sobre Giambattista Vico hasta que decidí enfocarme en el pensamiento contemporáneo. Con Gabriel Albiac hice algunos cursos de doctorado sobre Spinoza en la Universidad Complutense de Madrid.

Mi interés por el mundo contemporáneo me alejó de la filosofía y me acercó al mundo más concreto de la teoría económica y política. Una aventura interesante fue conocer a Toni Negri, teórico de la política posmoderna, a quien fui a visitar a París cuando era profesor de la Universidad de París VII para hacerle una entrevista por cuenta de la Fundación Anthropos. También tuve algunos debates con su amigo y coautor de muchos libros, Michael Hardt, quien incluso estuvo en mi casa hace ya mucho tiempo.

Por aquel entonces, realicé un trabajo de investigación para la Comisión Interdepartamental de Investigación e Innovación Tecnológica (CIRIT, por sus siglas en catalán) sobre la inestabilidad salarial en Italia y un curso de doctorado con Alistair C. Crombie sobre estilos del pensamiento científico. Posteriormente, tuve un encuentro fugaz con Derrida, con quien hice un seminario en la Fondation Maison des Sciences de l'Homme.

Tengo una entrañable remembranza de Joaquim Novella, catedrático de Política Económica en la Facultad de Económicas de la Universidad de Barcelona, quien fue mi profesor en varios cursos de economía que hice en el Instituto Católico de Estudios Sociales de Barcelona (ICESB), regido extraordinariamente por los padres jesuitas, perteneciente a la Facultad de Teología (hoy Universidad Ramón Llull), donde acabé siendo profesor de Ciencia Política. Allí dirigí la tesina de Xavier Filella, «Los intelectuales y la ideología nacional», premio Rovira i Virgili de ensayo en 1995.

En el capítulo de no filósofos, pero no por ello menos pensadores, destacaría a Richard Boyatzis, profesor invitado a ESADE, con el que tuve un contacto transformador a nivel de *coaching* y liderazgo, y finalmente al doctor Jay Rao, profesor de cultura de la innovación y emprendimiento en Babson College, un gran comunicador y un modelo como consultor empresarial.

Por último, te agradeceré que te pongas en contacto conmigo para cualquier crítica o comentario a través de este correo electrónico: rais@busom.com o mediante mi página: www.busom.com.

INTRODUCCIÓN
LA PARADOJA DE LA FILOSOFÍA

«Creo que la gestión es filosofía en acción y
que toda teoría de la gestión tiene un trasfondo filosófico.
También creo que todo gerente tiene una visión del mundo,
consciente o inadvertida, explícita o emergente,
que se ajusta a cierto tipo de filosofía.
Curiosamente, incluso afirmar lo contrario es, en sí mismo,
una proposición filosófica».

Santiago Íñiguez, presidente de IE University

Este libro tiene como objetivo hacer que la filosofía sea accesible y aplicable en la vida cotidiana, especialmente en el mundo de las organizaciones, donde las personas y los directivos son los actores principales. Aunque la filosofía puede resultar intimidante para aquellos que no están familiarizados con ella, resulta fundamental para desarrollar una perspectiva más amplia y profunda sobre los problemas, para analizar de manera crítica las cuestiones y los retos complejos y para tomar decisiones informadas, coherentes, éticas y conscientes. Por eso, mi intención es ayudarte a superar el miedo a esta disciplina tan útil como fascinante y ofrecerte herramientas prácticas para aplicarla y que puedas abordar cualquier desafío de manera más efectiva.

Desde luego esta obra no es una introducción de filosofía para no filósofos ni un libro de filosofía en sí mismo, ni yo tengo la intención de explicar filosofía o qué es filosofía una vez más. Pero sí es una invitación a aprender a filosofar para que cualquier persona pueda convertirse en un filósofo práctico para uno mismo, capaz de aplicar la filosofía en su vida y en sus decisiones personales y profesionales y obtener beneficios concretos de ella.

LA FILOSOFÍA SOLO SE APRENDE FILOSOFANDO.

No pretendo divulgar filosofía porque estrictamente no puede hacerse. Explicar filosofía es hacer filosofía, y esta es su paradoja. No puede explicarse la filosofía sin hacer filosofía, y eso es filosofar. No puede enseñarse filosofía, sino tan solo a filosofar, como decía Kant. La ciencia, por ejemplo, sí puede divulgarse. Convertir el lenguaje matemático en lenguaje cotidiano o simplificar complejas teorías en charlas didácticas es posible y muy conveniente. Pero la filosofía está hecha de lenguaje y simplificarla significa crear otra cosa nueva con el mismo lenguaje. No existe separación entre el lenguaje desde el que se habla (metalenguaje) y del que se habla (lenguaje objeto), y eso hace difícil su divulgación. Se puede explicar historia de la filosofía, pero eso es historia, no filosofía. La filosofía solo se aprende filosofando. Esto puede sonar a lo que solemos vulgarmente llamar *un rollo macabeo*. Sin embargo, nada más lejos. Todo el mundo se hace preguntas sobre la vida. Quizás no sepamos las respuestas, pero es imposible no preguntarse cosas como ¿quién soy yo? ¿Qué hago aquí? ¿Qué es el mundo que me rodea? ¿Cuál es el sentido de la vida? ¿Por qué existe el universo? ¿Hay vida después de la muerte? ¿Por qué existen los impuestos? Eso es filosofar. Y, si intentamos respondernos a estas preguntas, seguro que nuestra vida práctica y cotidiana cambiará. Pero hay muchas más preguntas posibles. Y en la medida en la que sepamos hacer las preguntas correctas, obtendremos las respuestas adecuadas y sorprendentes. Aristóteles decía que la filosofía nacía del asombro. Nada más cierto. Las preguntas trascendentales de la vida pertenecen a todos los seres humanos y no hay nadie que alguna vez no se haya preguntado al respecto. Filosofar nos ayuda a responder a preguntas que nos permitirán ser nosotros mismos y dejar nuestra huella en el mundo.

En definitiva, este libro no es una invitación a preguntar ¿qué es la filosofía?, sino una respuesta a ¿por qué filosofar? y a ¿cómo filosofar? en un entorno empresarial. Aprender a filosofar requiere desmitificar la filosofía. Hay que desmontar una serie de falsos mitos que nos alejan de ella y nos dificultan su acceso y su comprensión. Los filósofos casi siempre han estado vinculados a la educación, pero no siempre la filosofía ha sido una facultad de profesores de filosofía que enseñan a futuros alumnos de filosofía. La endogamia académica y la segregación de la filosofía respecto a la sociedad resulta algo relativamente reciente. Afortunadamente, esto está cambiando. La filosofía es para todos y para todo.

LA FILOSOFÍA ES PARA TODOS Y PARA TODO.

Históricamente, la filosofía no se ha ocupado demasiado del mundo de la empresa, pero no hay nada de la filosofía que no pueda aprovecharse en el ámbito de las organizaciones. La filosofía lleva siglos hablando de ética, de liderazgo, de gobernanza, de toma de decisiones, de cálculo; en definitiva, de saber y de poder. Todo ello es de utilidad inmediata para la empresa. Pero hay más.

En esta obra encontrarás la manera de conseguir un equilibrio entre estas dos voluntades antagónicas inherentes a toda organización humana: la del saber y la del poder. Tan solo el directivo capaz de internalizar el pensamiento filosófico en su manera de actuar alcanzará ese balance entre la voluntad de saber y la voluntad de poder que constituye la clave de la gestión efectiva y del éxito. Aprender a filosofar o en palabras menos rimbombantes, aprender a desarrollar de tus capacidades filosóficas, te llevará a ser un directivo sabio, que es la versión más temperada y trascendente del líder actual. Lo que propongo no es que las empresas o los directivos se dejen aconsejar por filósofos, sino que utilicen la filosofía, que aprendan a filosofar ellos mismos.

Para lograrlo, he construido un sencillo método en el que deben asumirse diez principios que sintetizan el saber filosófico: a) socratismo, b) platonismo, c) aristotelismo, d) nominalismo, e) racionalismo, f) empirismo, g) criticismo, h) historicismo, i) existencialismo y j) estructuralismo.

Como veremos, tras una mirada atenta a las fuerzas antagónicas en la empresa, entenderemos que nos hemos olvidado demasiadas veces del saber y necesitaremos precisamente la filosofía para llegar a esa sabiduría que es el cenit de la carrera del buen gestor o del directivo filósofo, capaz de conseguir la máxima ecuanimidad organizativa a través de la gestión del equilibrio entre saber y poder. Los diez principios de la filosofía te ayudarán a ganar perspectiva y comprensión, ante los retos de gestión empresarial. Para ello, he elaborado unos pequeños casos de uso como ejemplos de aplicación de las capacidades filosóficas de la ganancia de perspectiva y de la profundidad de la comprensión a la administración de las organizaciones.

APRENDER A FILOSOFAR TE LLEVARÁ A SER UN DIRECTIVO SABIO, QUE ES LA VERSIÓN MÁS TEMPERADA Y TRASCENDENTE DEL LÍDER ACTUAL.

Si la filosofía sirve para la gestión empresarial como un cuidado especial o una cura, al igual que una medicina o un remedio universal, un *farmacon,* como decían los antiguos filósofos griegos, entonces he querido escribir un prospecto de cómo debe utilizarse. Si sigues el itinerario propuesto en este libro, lograrás ese liderazgo de la sabiduría, serás el líder de los líderes, un guía espiritual de la administración de empresas, ese líder empresarial que se necesita hoy para enfrentarse al desafío del futuro cercano. Con filosofía y sin complejos. Estamos aquí para hacer historia, para hacer un mundo mejor, para mejorar la vida de las personas, de empleados y de clientes. No nos conformaremos con menos. Aceptemos la gravedad de los problemas del mundo y hagamos algo con ello. Seamos valientes. Quien tiene la visión y la comprensión debe poder hacer mucho bien con su saber hacer. No hemos venido para perder el tiempo ni para las minucias; hemos venido al mundo a contribuir, a dejar nuestra huella, y para ello debemos ganar la suficiente perspectiva a través de la filosofía. Hemos de desprendernos de todas las pequeñeces y de las tonterías. Tenemos que estar por encima de las habladurías y de los conflictos estériles. Hemos de aceptar la misión más allá de lo exigido. Dominar los principios de la filosofía te permitirá como directivo acceder a la sabiduría. De esta manera, con estilo efectivo pero también temperado, podrás tener la marca trascendental del nuevo directivo filósofo, tan necesaria para los tiempos revueltos que nos esperan. Muchas respuestas nos están esperando. Preguntemos a los filósofos. Hagamos hablar a la filosofía. Convirtámonos en filósofos. Saber es poder.

1

¿POR QUÉ NECESITAMOS LA FILOSOFÍA?

«Hora es de desacostumbrarse a sobreestimar la filosofía
y por ello a pedirle demasiado.
Es necesario en el aprieto actual del mundo:
menos filosofía, pero más consideración del pensar;
menos literatura, pero más atención a la letra».

HEIDEGGER, M. *Carta sobre el humanismo*, pp. 120-121

1. Filosofía: amor por el saber

No todo el saber está en Google

Mucha gente piensa que todo el saber está en Google. Sin embargo, Google únicamente indexa el 10 % de las páginas web. El resto vive en la llamada *deep web,* de la cual la maléfica *dark web* tan solo constituye un exiguo 0.1 %. Tampoco Google mantiene disponibles es su buscador todos los enlaces para toda la vida, sino que los va destruyendo; por tanto, no toda la información está disponible en Google. Información tampoco es conocimiento. Para que haya conocimiento se necesita la intervención humana, a un sujeto que elabore los datos según su experiencia y su metodología y que, además, los contraste y los comparta con otros. Sin embargo, el saber está a un nivel incluso superior: es un conjunto de conocimientos asumidos como naturales por una persona, después de un largo proceso de aprendizaje y validación por la experiencia. En conclusión, la filosofía no está en Google; hay que ir a los libros y tratar a los filósofos.

Las raíces de la filosofía

Todo el mundo conoce el significado etimológico de la palabra *filosofía* como «amor por el saber». Este es un gran logro de la filosofía que no ocurre con otras disciplinas, como la *vexilología* (o estudio de las banderas) o la *limnología* (de los ecosistemas acuáticos), que no tienen tanta popularidad, por no decir que muy pocos saben lo que quieren decir. En esto, los filósofos hemos hecho un buen trabajo de propaganda comercial, y es que hay pocos ámbitos del conocimiento que tengan una marca personal tan poderosa como la filosofía. La positividad y la fuerza de su mensaje son enormes. Por una parte, nos invita al amor como pasión, como aquello a lo que merece la pena dedicar nuestro espíritu con todas nuestras energías; por otra, nos implica con el saber, como la fuerza cognitiva, práctica y emocional que mueve el espíritu de la evolución de la sociedad. La filosofía seduce y es poderosa, pero de una manera serena y equilibrada. Se trata de un viaje práctico de autoconocimiento y empatía humana hacia un saber más profundo. El resultado del amor por el saber es la sabiduría.

Este ideal te permite ver las cosas, como decimos en el argot, *sub specie aeternitatis,* es decir, como si pudiéramos verlas desde una cierta eternidad, distanciados de las fútiles pasiones humanas y perfectamente enfocados a lo verdaderamente importante y relevante; como si pudiéramos ser por algunos momentos un pequeño dios bondadoso o un superpadre generoso, capaz de ayudar a sus hijos mediante la experiencia y sus conocimientos. Pero ese distanciamiento es simplemente una táctica para ganar perspectiva y ser aún más humano. No nos confundamos. Quienes tienen veleidades divinas suelen ser unos ladrones de almas. Aquí hablamos del primer beneficio de la filosofía o, mejor dicho, del filosofar, que es ganar perspectiva para comprender cualquier fenómeno en su esencia y no en su consecuencia.

LA FILOSOFÍA ES UNA HERRAMIENTA ESENCIAL DEL DESARROLLO DIRECTIVO

El objetivo de la filosofía y del filosofar o de su actividad filosófica es algo que cualquier persona puede compartir y que merece tener un lugar relevante en la empresa y en la actitud de los directivos. El propósito de este libro es proponer la filosofía como una herramienta esencial del desarrollo directivo. El objetivo del directivo consiste, al final, en gestionar a un equipo humano con los recursos involucrados y esto se podrá realizar con mayor efectividad y éxito en la medida en la que consiga sus más altas cotas de humanidad y perspectiva. Pero no vayamos tan deprisa. Primero tenemos que saber qué es la filosofía con más detalle.

Puntos clave

- *Filosofía* significa etimológicamente «amor por el saber».
- La consecuencia de ejercitar la filosofía es alcanzar la sabiduría.
- El objetivo de la filosofía es filosofar.
- La filosofía es una herramienta esencial para la formación de un directivo.

Preguntas y ejercicios

- ¿Qué es la filosofía para ti?
- Busca diez definiciones de *filosofía* y observa qué tienen en común.
- Escribe una definición amplia de *filosofía* que sirva para todas las definiciones que te hayan parecido satisfactorias y revísala cuando acabes de leer este libro. Entonces modifícala si lo crees necesario.
- ¿Qué no es la filosofía? Crea una lista de los ejemplos más relevantes.

2. ¿Qué es la filosofía?

«El pensar construye su camino en medio de un caminar interrogante. Pero esta construcción del camino es sorprendente. Lo construido no queda atrás en estado yacente, sino que es instalado en el paso siguiente y prediseñado para él».

HEIDEGGER, M. *¿Qué significa pensar?*, p. 220

El invento de la filosofía

¿Quién inventó la palabra *filosofía*? Nadie sabe. No está nada claro. Su primera aparición data del 440 a. C. en un tratado de medicina; sin embargo, suele atribuirse a Pitágoras de Samos, del siglo VI a. C., por referencia de otros autores. Lo curioso del término es que desde hace 2600 años todo el mundo sabe a qué nos referimos cuando nombramos *filosofía,* pero cuando queremos definirla o explicarla nos surgen infinitos matices y posibilidades. La filosofía mantiene esa alta tensión irresoluble entre su invariancia como palabra y su significado indeterminado. La filosofía es deseo puro.

La potencia de la filosofía es que más allá de su definición etimológica no existe un consenso sobre lo que es. Sí, has leído bien. La ambigüedad puede ser un problema para definir una ciencia, pero no lo es para la filosofía. Muchos utilizan esto en su descrédito, pero, por el contrario, solo muestra su extraordinaria potencia. En vez de ser un problema, se trata de una virtud porque la convierte en inmensamente rica; si fuera una ciencia, sería al revés, un inconveniente. Esto ocurre con la economía, donde hay más de una definición, y se supone que es una ciencia. Respecto a la filosofía se podría decir que hay tantas definiciones como autores, pero esto no es un problema a pesar de la opinión general. La filosofía no es una ciencia, es decir, un campo de saber definido por un objeto de conocimiento: el movimiento físico, la mente humana, los seres vivos, los cuerpos celestes, etc.; se define por el propio sujeto, por nosotros mismos. Es una disciplina transformadora que trabaja sobre nuestro yo, sobre nuestra visión del mundo, a través de la reflexión y de la duda, transfigurando los conceptos que hemos adquirido mediante el lenguaje, porque la realidad con la que lidiamos es la que está en nuestro cerebro, aunque exista la verdadera realidad ahí fuera.

Sin libertad no hay filosofía. La filosofía no tiene reglas; es libre de construir las suyas para luego deconstruirlas. Se trata de la casilla vacía de los juegos: no puedes desplazarte si no hay una casilla vacía para mover ficha. En el universo del lenguaje y de los discursos, existe un ámbito donde estos se generan, donde se construye la visión de la realidad que no puede encerrarse en una jaula normativa. La filosofía es indeterminación: no pueden existir saberes determinados si no hay un saber indeterminado que hace posibles todos los otros. Y ese es el extraño estatuto de la filosofía. Y su historia lo demuestra.

LA FILOSOFÍA ES UNA DISCIPLINA TRANSFORMADORA QUE TRABAJA SOBRE NOSOTROS MISMOS, SOBRE NUESTRA VISIÓN DEL MUNDO, A TRAVÉS DE LA REFLEXIÓN Y DE LA DUDA, TRANSFIGURANDO LOS CONCEPTOS QUE HEMOS ADQUIRIDO MEDIANTE EL LENGUAJE.

La filosofía es libertad

La filosofía es ambiciosa: pretende hacer de este mundo un mundo mejor, pero con la humildad de aceptar que, si no somos capaces de cambiarnos a nosotros mismos, de ninguna manera podremos convencer a los demás. El hecho de que la filosofía no esté determinada ni por un objeto ni por un método concreto le permite disfrutar de la mayor libertad posible, completamente necesaria para conseguir su objetivo de ganar perspectiva para hacernos conscientes de las cosas auténticas e importantes. La filosofía constituye una herramienta poderosa para evaluar la solidez de los discursos que aceptamos. Lo superficial, lo populista, lo comercial, en definitiva, aquello que no tiene autenticidad, cae irremediablemente en los primeros envites del filosofar. Aunque la filosofía puede ser una tarea eterna porque siempre está en búsqueda de lo auténtico, no quiere decir que no se pueda utilizar en contextos temporales cortos y próximos. Muchos filósofos han defendido la utilidad práctica de la filosofía, desde los estoicos en la Grecia antigua hasta el *counseling* filosófico contemporáneo.

La filosofía nace de la curiosidad, del asombro, dice Aristóteles. Tom Peters, el gurú estadounidense de la excelencia empresarial, nos habla del efecto *WOW*. En esta vida hay que sorprender, y a uno le gusta ser agradablemente sorprendido. Para saber, hay que ser curioso y estar abierto a aprender. La filosofía está centrada en preguntar, en la pregunta, no en la respuesta.

LA FILOSOFÍA ESTÁ CENTRADA EN PREGUNTAR, EN LA PREGUNTA, NO EN LA RESPUESTA.

El cuestionamiento es la base de la duda, el movimiento de apertura al nuevo conocimiento. La problematización de los dogmas constituye la misión de la filosofía. Ese movimiento es una interacción entre dos extremos con varias posibilidades:

- **Subjetividad.** Es la relación de un sujeto (nosotros) con otro sujeto (que también somos nosotros mismos) que se desarrolla en el acto de reflexión o autorreflexión.
- **Objetividad.** Se trata de la relación entre un sujeto (nosotros) y un objeto (el mundo, la realidad) que se desarrolla mediante la percepción de los sentidos.
- **Intersubjetividad.** Es la relación entre un sujeto (nosotros) y otro sujeto (alguien diferente de nosotros, los otros) que se desarrolla en el acto del diálogo, del debate, de la disputa o, más en general, de lo que en filosofía se conoce como *dialéctica*.

Las interacciones son dualidades. Son relaciones entre dos términos. En filosofía se habla de *epistemología* como la disciplina que estudia cómo conocemos las cosas. Y precisamente ahí es donde vemos una vez más ese dualismo entre un sujeto cognoscente y un objeto cognoscible.

Hay una filosofía para cada uno

Cada filósofo tiene su propia filosofía, y esto no es una discrepancia, sino más bien un acuerdo implícito de no estar de acuerdo en nada.

Si uno es auténtico y diferente, no puede ser igual a los demás. Cada libro que se escribe intentando explicar qué es la filosofía es una manera de explicar qué no es la filosofía. De la misma manera, cada uno de nosotros debemos buscar nuestra propia filosofía, construirla mediante el filosofar.

Aunque hay algunas definiciones comunes que dicen que la filosofía es la búsqueda de los principios de la realidad, en general no hay nada en común. E, insisto, eso es lo bueno y lo que la diferencia de cualquier otra disciplina; hasta podríamos aceptar que la filosofía es ese espacio indefinible, ese discurso que siempre se escapa al pensamiento imperante y que no se puede reducir a una vulgar simplificación. La filosofía siempre está en otra parte, lo que resulta incómodo para el que busca la coherencia y la simplicidad del cálculo matemático, pero, lejos de ser irracional, resulta extremadamente racional. Es enemiga de la repetición y de lo único. Si el objetivo del pensamiento crítico consiste en tomar decisiones óptimas, el de la filosofía es ganar perspectiva, tener visión, conseguir una comprensión profunda, deconstruir discursos establecidos, construir nuevos marcos mentales.

Toda interacción determina una distancia cuantitativa entre los extremos, pero constituye también una diferencia cualitativa. Es a través de estas interacciones donde gracias a la diferencia entre los dos puntos distantes comprendemos esa perspectiva Si miramos el cuadro de *Las meninas* de Velázquez con nuestra nariz pegada a él, tan solo veremos algunas pinceladas de colores, unas manchas desordenadas y poco más, pero a una prudencial distancia, de varios metros, podremos observar un cuadro pintado con un inusitado lujo de detalles. De colores superpuestos a formas concretas. La distancia nos da la perspectiva suficiente para relacionar los elementos de manera diferente. La diferencia de distancia representa una gran ganancia de significado, de comprensión y de visión. Cuanto más comprendes, más cosas puedes hacer, y eso es clave para la gestión de empresa. La filosofía es como un satélite espía. Esa diferencia de significado, esa ganancia, es el aprendizaje, la adquisición del saber, la filosofía. Toda ganancia es algo eminentemente práctico, aunque no tiene por qué ser material. El saber también tiene su propia contabilidad de ganancias y pérdidas.

Puntos clave

- La filosofía es la disciplina con el mayor potencial explicativo.
- La filosofía no sirve para nada porque sirve para todo.
- La filosofía no tiene reglas.
- Filosofar es una actividad infinita.
- La filosofía sirve para ganar perspectiva.
- La perspectiva aumenta el significado de las cosas, nos permite comprender más y mejor.
- Cuanto más comprendes, más cosas puedes hacer.

Preguntas y ejercicios

- Intenta tener una visión enciclopédica de la filosofía: puedes mirar las entradas de *filosofía* en español, italiano, francés, inglés, alemán, hindú, árabe y hebreo (puedes traducirlas al español con la ayuda en línea de Chrome). Observa similitudes y diferencias.
- También lee la entrada de Wikipedia *filosofía oriental.*
- Complementa una visión inclusiva de la filosofía leyendo la entrada de Wikipedia *filósofas.*

3. ¿Quién tiene miedo a la filosofía?

«La filosofía es lo más serio que hay, pero tampoco tanto. Aspira a lo que ella misma no es *a priori* y sobre lo que no tiene ningún poder garantizado. Por eso, según su propia definición, pertenece a la vez a una esfera de lo insumiso, que siempre fue un tabú para el estilo conceptual».

ADORNO, T. W. *Dialéctica negativa,* p. 23

El pensamiento es una proposición con sentido

Para que Wittgenstein pudiera dar clases en Cambridge, se le aceptó como tesis doctoral uno de sus libros, el *Tractatus,* un tratado de lógica con solo siete frases principales (axiomas) y menos de cien páginas. Los examinadores fueron dos eminentes filósofos y matemáticos: Bertrand Russell, autor de la magna obra *Principia mathematica* y, G. E. Moore, autor de los *Principia ethica*. Wittgenstein les dijo con aplomo, pero no sin razón: «Tranquilos, sé que nunca lo entenderéis». Lejos de ofenderse, ambos examinadores consideraron que era la obra de un genio y que superaba los requisitos de una tesis doctoral. A partir de entonces, empezó a dar clases en el Trinity College.

El propio Wittgenstein afirma en su obra que «el pensamiento es una proposición con sentido». Afortunadamente es así aunque a veces no lo parece, pero no por ello debemos desistir. Es común no entender la filosofía, incluso para mentes brillantes. Sin embargo, visto del revés, quiere decir que siempre hay algo que todos podemos entender de un texto complejo, y es precisamente aquello que nos interesa, porque somos capaces de entenderlo.

La verdad es que la filosofía impone. Y mucho. Esas obras densas y complicadas que parecen coto exclusivo de intelectuales sesudos provocan gran respeto. Hay que tener cierta valentía para abordarlas. Pero esto no tiene por qué ser así; es más, vamos a ver cómo acercarnos a la filosofía sin medio, como si se tratara de un libro de cocina. Si entendemos por qué resulta tan difícil, será más fácil perderle el respeto e introducirse en su apasionante mundo.

La ficción nos ofrece la posibilidad de adoptar una visión del mundo fácilmente, sin darnos cuenta de que al leer aceptamos una trama argumental. Esto es lo que ocurría con las obras de Homero en la Antigüedad o con los textos religiosos. Nuestra mente está hecha para entender las narraciones, para seguirlas como una canción. La narración tiene el flujo de la flecha del tiempo y es una estructura mental lineal muy poderosa. La causalidad donde unas cosas se suceden a otras tiene una lógica aplastante. Así es como nuestra mente percibe el tiempo, y solemos pensar que los antecedentes deben ser verdaderos porque provocan unas consecuencias. Las ideologías, la capacidad de seducción o de influencia, los argumentos de venta de todo tipo, en política, en la empresa y en el ámbito personal, tienen estructuras narrativas coherentes que resultan muy eficaces porque todo consecuente tiene un precedente. Todo aquello que tenga un comienzo, un nudo y un desenlace posee un efecto de veracidad muy elevado para nosotros, aunque sea completamente falso.

LA FILOSOFÍA ES EL DETECTIVE INSIDIOSO QUE EMPIEZA A HACER PREGUNTAS INCÓMODAS AL RELATO DE LA COARTADA DEL PRESUNTO CRIMINAL.

Los filósofos son como Sherlock Holmes

La filosofía es un detective insidioso como Sherlock Holmes que empieza a hacer preguntas incómodas al relato de la coartada del presunto criminal. Este personaje de ficción encarna perfectamente la vertiente deductiva de la filosofía.

Para desmontar las narraciones hay que ir contracorriente, descubrir las contradicciones, las inconsistencias. Como hemos visto, lo natural es creerse los cuentos de hadas; estamos precondicionados para ello. Mediante el análisis de textos o discursos, la filosofía permite cuestionar una visión del mundo heredada acríticamente, especialmente, aquella que se basa en relatos.

Los primeros filósofos griegos empezaron desmontando la literatura mítica, los relatos de los héroes o de los dioses, buscando principios racionales con los que explicar el mundo que les rodeaba. Esa capacidad de analizar textos representa la mayor virtud, pero también la mayor dificultad de la filosofía. Los filósofos están en un permanente debate con otras personas y, por supuesto, con otros filósofos a través de sus textos. Este fenómeno se conoce en lingüística como *intertextualidad.* Un texto que hace referencia explícita o implícita a otro para poder criticarlo, analizarlo o utilizarlo como apoyo ejerce esa relación intertextual. Sería como una especie de *World Wide Web* de un hipertexto que mantiene relaciones múltiples con diversos enunciados. Este debate histórico es lo que llamamos *historia de la filosofía* (occidental) y conforma un extenso conjunto de obras imprescindibles sin las cuales resulta complicado tener un entendimiento profundo. Un clásico como Aristóteles es comentado prácticamente por todos los filósofos posteriores. Resulta importante conocerlo, entre otras razones, porque su catálogo de obras, el llamado *corpus aristotélico,* define en buena parte las subdisciplinas de la filosofía, como la lógica o la metafísica.

Introducirse en esa maraña de textos hace imposible una lectura satisfactoria, pero por algún sitio hay que empezar. Leer filosofía implica una lectura por capas y requiere la capacidad de suspender la comprensión parcial o absoluta de algunos fragmentos o conceptos. A medida que se avanza en la lectura, se irán rellenando los vacíos y aclarando las nebulosas en la cabeza. Al igual que cuando leemos ficción, la pasión, el interés y la curiosidad deben guiar la lectura de los textos filosóficos, dejando de lado la comprensión detallada y exhaustiva en un primer momento. Tan solo hemos de añadir por nuestra parte cierta paciencia y la voluntad de sacrificio a la hora de leer: «En la ciencia no hay caminos reales, y solo tendrán esperanzas de acceder a sus cumbres luminosas aquellos que no teman fatigarse al escalar por senderos escarpados» (Marx, K. Prólogo y epílogo a la edición francesa del tomo I de *El capital,* 1872).

La filosofía es una navaja multiusos

Hay que ser humilde para leer filosofía, reconocer que el significado es un proceso infinito y ningún humano puede abarcarlo. No se puede abordar un texto con pretensión de completitud. A diferencia del cálculo, la ambigüedad de los textos, la apertura interpretativa de las obras, hace que estén incompletos, pues el lector tiene una parte de responsabilidad en la fijación del significado. La lectura es una conversación. Los textos preguntan y nosotros contestamos.

Pensemos que la filosofía es también creación literaria, pero en vez de con personajes, con conceptos. Muchos consideran a Hegel el filósofo más complejo de la filosofía. En realidad, no lo es. Simplemente, hay que entender que tiene su propio vocabulario de términos y, por tanto, lo único que hay que hacer es conocerlo para saberlo traducir a términos más simples. Hay que convencerse de que todo texto tiene sentido, por lo que siempre se puede simplificar y reducir a expresiones simples y entendibles. No existe la inteligibilidad textual; tan solo la incompletitud. No se puede divulgar, pero se puede traducir, es decir, disminuir la complejidad de ciertos conceptos utilizando metáforas y reduciendo los niveles metalingüísticos del texto.

Hay que perder el miedo a la filosofía porque no es necesario ser un filósofo profesional, me refiero a un profesor de filosofía; se trata de utilizarla a nuestro favor en los contextos en los que nos hace falta. Se repite hasta la saciedad que la filosofía no sirve para nada, y es así, pero quiere decir todo lo contrario de lo que la gente espera. Es algo positivo. La filosofía no sirve para nada porque sirve para todo. Es como una navaja suiza que nos puede ayudar con muchos tipos de problemas distintos.

LA FILOSOFÍA NO SIRVE PARA NADA PORQUE SIRVE PARA TODO.

Y esa es una verdad fundamental e incontrovertible. Que sirve para todo quiere decir que se puede aplicar a cualquier ámbito y en cualquier momento. Hay una filosofía para cada época y para cada sitio y también —y es lo que quiero conseguir en este libro— para cada persona. Nada queda fuera de la filosofía. Mientras haya seres humanos, mientras haya lenguaje, habrá filosofía.

Puntos clave

- Las creencias están basadas en la ficción, en narraciones lineales.
- El conocimiento filosófico se fundamenta en el razonamiento y en el análisis conceptual y se dedica a deconstruir narraciones.
- Para filosofar no es necesario ser un filósofo profesional, un profesor de filosofía.
- No se puede divulgar filosofía sin hacer filosofía, pero se puede simplificar.

Preguntas y ejercicios

- Compara los textos de una noticia y de un artículo de opinión. ¿Cuáles son las diferencias?
- Lee el texto de Borges *Pierre Menard, autor del Quijote*. ¿Es ensayo, relato o las dos cosas?

- Reflexiona sobre la narratividad en la filosofía. Busca otros ejemplos.
- Lee la entrada de Wikipedia *Corpus aristotelicum* para ver la composición del primer corpus filosófico.
- Lee la entrada de Wikipedia *Anexo: Cronología de filósofos occidentales*. Comprobarás la innumerable lista de autores canónicos.

4. Las dificultades de la metafísica

«En la metafísica la razón se atasca continuamente, incluso cuando, hallándose frente a leyes que la experiencia más ordinaria confirma, ella se empeña en conocerlas *a priori*. Incontables veces hay que volver atrás en la metafísica, ya que se advierte que el camino no conduce a donde se quiere ir. Por lo que toca a la unanimidad de lo que sus partidarios afirman, está aún tan lejos de ser un hecho, que más bien es un campo de batalla realmente destinado, al parecer, a ejercitar las fuerzas propias en un combate donde ninguno de los contendientes ha logrado jamás conquistar el más pequeño terreno ni fundar sobre su victoria una posesión duradera».

KANT, I. *Crítica de la razón pura,* Prólogo a la 2.ª edición

La metafísica solarista

Si existe una novela metafísica sin duda es *Solaris,* de Stanislaw Lem. En ella se aborda la cuestión de si un planeta ficticio llamado Solaris es inteligente o no, y se reflexiona sobre la incapacidad humana para comprenderlo. La humanidad crea una disciplina llamada *solarística* que recoge el debate sobre esta cuestión, mientras que los científicos realizan innumerables experimentos para estudiar las respuestas del planeta, tratando de comunicarse con él como si fuera un ser superinteligente. Solaris puede ser Dios para algunos y para otros un mundo inteligente, pero cualquier discurso sobre este ente se convierte en un discurso sobre el ser humano. Cuando la ciencia solarística no funciona, lo que queda es metafísica. La pregunta por el *ser* de *Solaris*, por saber qué es esa realidad, al final resulta ser un reflejo de nosotros mismos. Así funciona la metafísica. Más allá de si es verdadera o no, los seres humanos la necesitamos. La creamos para comprender lo incomprensible.

Una de las razones por las que la filosofía resulta difícil de comprender es en razón de la metafísica, pero esta es la razón de ser de la filosofía. Si tan solo nos fijamos en los abundantes tratados prácticos de filosofía política y ética o de lógica y filosofía de la ciencia, no nos serán nada difíciles de entender, salvando las distancias históricas. Sin embargo, atacar un libro de metafísica o de ontología, debido a su gran abstracción, resulta un hueso duro.

LA HISTORIA DE LA FILOSOFÍA SE PUEDE RESUMIR COMO EL INTENTO Y EL LOGRO DE SUPERAR LA METAFÍSICA.

La filosofía de Groucho Marx

La gran pregunta filosófica, la madre de todas las preguntas, es la que hace la metafísica: ¿qué es el ser? Que es como decir ¿qué es la realidad? La metafísica busca esos principios igual que la célebre frase de Groucho Marx: «Estos son mis principios; si no le gustan, tengo otros». A medida que se investigan y se duda de los principios, van cambiando; del mismo modo, la interpretación de los principios metafísicos ha cambiado mucho.

La metafísica es la parte de la filosofía que estudia los elementos básicos de la realidad, pero no desde el punto de vista de la física que nos ha llevado hasta el célebre modelo estándar de subpartículas atómicas, sino desde la perspectiva conceptual. ¿Cuáles serían los conceptos básicos de la realidad? Sería como decir: ¿cómo podemos reducir los conceptos a su más elemental expresión? Hoy podríamos identificarlos como un mapa mental, un grafo de las relaciones entre los conceptos más generales. El propósito de la metafísica es absurdo y coherente al mismo tiempo. ¿Cómo vamos a hacer una estructura de conceptos con conceptos? ¿Cómo podemos determinar los significados esenciales con significados? ¿Y si no significaran nada? ¿Cómo no hacerlo entonces? Tenemos esa necesidad; es algo que todos los saberes hacen: buscar los principios. Pero cuando la física habla de partículas subatómicas, más allá de los experimentos que las definen, se trata de conceptos nuevos. Cuando se habla de quarks, se establece una línea clara entre el objeto quark y el metalenguaje que lo explica: son fermiones elementales que interactúan fuertemente formando la materia nuclear y los hadrones.

Pero cuando decimos que los componentes de la realidad son *el ser* o *el ente,* que son palabras propias de nuestro vocabulario más cotidiano, resulta muy difícil separar su significado original del nuevo que queremos definir en nuestra mente. *Ser* se utiliza como verbo de tres maneras: para definir la existencia de algo («la casa es»), para indicar una identidad («los europeos son los habitantes de Europa») o como predicación («la manzana es roja»). La filosofía hace del verbo *ser* un sustantivo, un concepto, *el ser,* identificándolo con la realidad, como aquello que existe. Y viene siendo así desde Parménides. Si para Platón el ser es la idea, para Aristóteles será la sustancia.

La metafísica dice que su objeto es el ser porque muy pronto intenta postularse como conocimiento verdadero, como ciencia, y, además, por encima de las demás ciencias. Y el debate histórico no solo se da alrededor de cuáles son los verdaderos elementos del ser y de cuál es su funcionamiento, sino, además, entre detractores y defensores de la metafísica como saber verdadero. Más adelante trataremos este tema central profusamente, pues todo el mundo que filosofe en el ámbito de las organizaciones deberá preguntarse cuáles son sus principios.

Resumiendo: la historia de la filosofía se puede sintetizar como el intento y el logro de superar la metafísica. La gran mayoría de los autores retoman el hueso para roerlo un poco más, y finalmente durante el siglo XX este hueso se rompió definitivamente. ¿Y luego qué? ¿Qué filosofía es posible después de la metafísica? Pues una de las posibles es, sin duda, una filosofía para la empresa.

Puntos clave

- La columna vertebral de la filosofía es la metafísica.
- La metafísica es el mayor debate filosófico de todos los tiempos.
- Las conclusiones de la metafísica se debaten sobre su sentido y su sinsentido.
- Recientemente se ha conseguido entender las limitaciones de la metafísica gracias a los avances de la lingüística.
- La metafísica es necesaria porque no podemos dejar de preguntarnos sobre los fundamentos o la falta de ellos, pero solo debemos hacerlo una vez que somos conscientes de que no es ciencia y de aplicar una profilaxis lingüística.

Preguntas y ejercicios

- ¿Qué significa la palabra *ser*?
- Cuando hablamos de *ser* ¿se trata de un uso o de una mención?
- ¿Podemos asignar al concepto de *ser* un significado no gramatical desde el mismo lenguaje? ¿Tiene sentido la pregunta?
- ¿No necesitaríamos un metalenguaje, una disciplina para poder entender el ser? ¿Puede ser la semántica esa disciplina?
- ¿La sentencia «el ser es la realidad» significa algo?
- ¿La frase «el ser es la existencia de lo real» es una tautología?
- Realiza un comentario de texto sobre la lectura de la novela *Solaris*. Las películas no valen.

5. Consejos para no filósofos que quieran leer filosofía

> «Pues lo que nosotros vamos a hacer es vivir la filosofía. Para vivirla es indispensable entrar en ella como se entra en una selva; entrar en ella a explorarla».
>
> García Morente, M. *Lecciones preliminares de filosofía,* p. 14

La fobia filosófica

Uno de los casos clásicos del psicoanálisis freudiano es la hidrofobia o fobia al agua de la paciente Pappenheim, que no podía beber agua sin un ataque de pánico. Tras unas seis semanas a base de frutas que le proporcionaban suficiente hidratación, la joven desveló en una sesión de hipnosis el trauma que provocó aquella hidrofobia: su dama de compañía había dado de beber a su perro del mismo vaso que a ella, lo que le había dado mucho asco. Y el mero hecho de revivir a través de la explicación aquella visión desbloqueó el recuerdo traumático y le permitió volver a beber agua.

De la misma manera, si padecemos algo de filosofobia, probablemente sea por un trauma escolar. Rememoremos cuáles pudieron ser esos obstáculos que nos impidieron tener una relación sana con la filosofía, esos traumas adolescentes. Quizás fue el enfoque del profesor, el libro de texto o la influencia de algunos compañeros. Algo o alguien nos hizo pensar que era incomprensible o que no merecía atención, pero más complicadas son las matemáticas y a nadie se le ocurre olvidarse de ellas, aunque le cuesten.

Trucos para leer filosofía como un pro

En cualquier caso, para perder el miedo hay que curarse en salud con unas medidas profilácticas que nos permitirán entrar en la filosofía de una manera más suave y exitosa. Aquí doy unos cuantos consejos preparatorios que redundarán en que la filosofía sea mucho más fácil de leer y más inteligible:

- **Leer una buena historia de la filosofía.** Siempre reducirá ese factor de intertextualidad porque tendrás una idea de cómo acaba la historia. Menos *spoilers* (más adelante en el apéndice bibliográfico encontrarás todas las referencias).

- **Leer una introducción sistemática de la filosofía.** Aconsejo leer a alguno de nuestros grandes autores de la fenomenología española, como Xabier Zubiri o Manuel García Morente. Fueron mis primeras lecturas y las recuerdo con especial cariño. Son, antes que filósofos, grandes escritores que crearon textos muy legibles. Mucha buena filosofía es también buena literatura.

- **Leer una buena antología de textos de filosofía.** A veces los textos escolares de bachillerato leídos a una edad adulta pueden ser muy esclarecedores. Esto permite ampliar las dos introducciones anteriores y empezar a saborear alguno de los momentos estelares de la filosofía a través de textos impactantes o muy interesantes.

- **Tener un buen diccionario de filosofía a mano.** Como obra de consulta puntual que también reducirá la suspensión de toda comprensión, disponemos de nuestro clásico diccionario en español de Gabriel Ferrater Mora, aunque hay algunos otros relevantes.

- **Rehuir de todas las divulgaciones de la filosofía.** La ciencia puede divulgarse porque se puede traducir del lenguaje científico al ordinario. Sin embargo, la filosofía no es divulgable, ya que toda acaece en el mismo lenguaje cotidiano. Divulgar filosofía es hacer filosofía, una filosofía menor, mientras que, por el contrario, divulgar ciencia es hacer pedagogía. Por tanto, es mejor leer filosofía de verdad que sucedáneos. La filosofía se puede simplificar, pero no divulgar, pues resulta un espejismo que solo nos confundirá.

- **Leer algunos clásicos, en orden histórico a ser posible.** Aunque está claro que cualquier texto antiguo cuenta con dificultades adicionales para su comprensión derivadas de las diferencias históricas y de la forma de escribir, también es más simple. Los diálogos socráticos de cualquier autor se leen fácilmente.

- **No es necesario entenderlo todo.** Ya lo he aconsejado. De hecho, no se puede entender todo, al menos en una primera lectura. Deben dejarse conceptos y fragmentos en suspensión; los filósofos también lo hacen. Es imposible no hacerlo; nadie lo sabe todo. No hay lectores ideales; solo reales. Hay textos que requieren una relectura. Hay que tener la paciencia de hacer lecturas por capas. O relecturas al cabo del tiempo, después de haber leído otros libros. Cada vez que releas, entenderás cosas nuevas.

- **No hay que leerlo todo.** Como lector avezado te supongo la habilidad de considerar los ensayos una caja de herramientas. Hay libros que requieren un lectura completa y atenta, pero la ventaja de la no ficción es que podemos concentrarnos solo en los capítulos que nos interesan o que nos llaman la atención. Sin contemplaciones. Lectura aleatoria como en Twitter. Tú pones la coherencia. No necesitas examinarte de filosofía.

- **Los primeros impulsores de la lectura deben ser la curiosidad y la comodidad.** Si cuando empiezas a leer un texto no estás cómodo, no te asombra o no te despierta ningún interés, mejor abandona y coge otro. Sin piedad. Quizás volverás unas lecturas más adelante.

- **Escoger textos filosóficos *más literarios que sistemáticos.*** Algunos autores destacan en ello: Séneca, Schopenhauer, Nietzsche,

Heidegger o Michel Foucault son algunos ejemplos. Si eso te ayuda o interesa más, es una muy buena opción. Sin embargo, quizás los ingenieros prefieran a autores más precisos como Aristóteles, Guillermo de Ockham, Spinoza, Christian Wolff, Wittgenstein o Russell. Sea con estilo literario o cientifista, hay muchos filósofos que escriben de manera muy clara y fácil de entender.

- **No interpretar nunca a un autor en función de su biografía.** De lo contrario, se convertirán en argumentos *ad hominem* en contra de su filosofía. Que, por ejemplo, Heidegger tuviera el carné del partido nazi no hace que su filosofía fuera pronazi; más bien al contrario: la riqueza y profundidad de sus textos se perderían por completo si utilizamos algunos eventos de su vida como un prejuicio. Los textos son obras abiertas a la interpretación y pueden ser útiles para cosas que nunca quisieron ni pudieron pensar sus autores. Por ejemplo, Karl Marx fue un auténtico aprovechado que nunca trabajó en su vida y vivió del dinero de sus amigos y de su familia e incluso tuvo un hijo ilegitimo con su criada, pero eso no quita la originalidad de sus ideas. Las obras trascienden a sus autores y son científicamente independientes de sus creadores, estén vivos o no. No condiciones la lectura de una gran obra por que el autor sea como es.

- **Traducir los conceptos a dibujos o esquemas.** Intentarlos representar, visualizarlos con ejemplos o metáforas, siempre ayuda. Yo siempre utilizo figuras geométricas.

- **No pedir a nadie sugerencias de lectura al principio.** Mejor, prueba y busca tu propio camino intentando superar las dificultades encontradas. Una vez hecho un primer esfuerzo, exitoso o no, podrás pasar a pedir consejo. Requerir orientación sobre qué leer a alguien experto puede ser una buena o una mala idea. Hay que ir con cuidado, pues hay consejos que matan. Tienes que escoger muy bien a quién pides consejo, ya que no todo el mundo sabe darlo. Al final, la filosofía es algo muy personal, por lo que resulta mejor evitar decepciones apresuradas.

- **Tener cuidado con sobrevalorar el contexto histórico.** Entender el contexto de una obra siempre es útil para comprender el debate intelectual de ese tiempo, pero no te obsesiones con ello. De lo contrario, tratarás de explicar los fenómenos históricos en función de las obras buscando cómo pueden haber influido en su época, lo que resulta estéril si no se realiza científicamente. Siéntete libre para interpretar una obra como te sea útil a ti mismo y deja a los eruditos el trabajo de dirimir cuáles deben ser las interpretaciones legítimas y cuáles no.

Puntos clave

- No hay que tener miedo a la filosofía.
- Existen estrategias de lectura y aprendizaje que nos pueden facilitar su acceso.
- No es posible aprender a filosofar sin acceder a las fuentes originales.
- Nuestra selección de lecturas debe estar guiada por el puro interés personal, el avaro enriquecimiento intelectual y el disfrute desmesurado.

Preguntas y ejercicios

- Practica todos los consejos expuestos en este capítulo.
- Visualiza y realiza el comentario de texto de algunas de las siguientes películas de contenido altamente filosófico: *2001: Odisea en el espacio* (Stanley Kubrick), *Interestellar* (Christopher Nolan), *El club de la lucha* (David Fincher), *Matrix* (Lilly y Lana Wachowski), *Gattaca* (Andrew Niccol), *Apocalypse now redux* (Francis Ford Coppola), *El manantial* (King Vidor), *Blow Up* (Michelangelo Antonioni), *El desierto rojo* (Michelangelo Antonioni), *Ocho y medio* (Federico Fellini), *Fahrenheit 451* (François Truffaut) y *El año pasado en Marienbad* (Alain Resnais).

6. Administración de empresas y necesidad de saber

> «Con Platón se inicia un gran mito occidental: lo que de antinómico tiene la relación entre el poder y el saber. Si se posee el saber es preciso renunciar al poder; allí donde están el saber y la ciencia en su pura verdad jamás puede haber poder político [...] detrás de todo saber o conocimiento lo que está en juego es una lucha de poder. El poder político no está ausente del saber; por el contrario, está tramado con este».
>
> FOUCAULT, M. *La verdad de las formas jurídicas,* p. 59

La filosofía como habilidad blanda

La formación en la empresa no ha hecho más que disminuir en el mundo de 1998 a 2008 pese a lo que muchos puedan pensar y desde entonces hasta hoy se ha mantenido plana sin crecimientos a pesar de la transformación digital. Sin embargo, el mercado de formación en las llamadas *habilidades blandas (soft skills)* crece a un ritmo del 6 % anual, quizás porque se constata que el 60 % de los empleados no tienen desarrollada la habilidad del pensamiento crítico. Mucha de la formación en conocimientos se hace fuera de la empresa y las organizaciones están más centradas en capacitar en habilidades de gestión e inteligencia emocional, que tienen un efecto directo en la productividad y agilidad.

La administración de empresas necesita una serie de conocimientos esenciales, como los que se enseñan en los MBA: estrategia, finanzas, marketing, gestión del talento, gestión de producto, etc. Esto es una parte del saber, lo que en inglés se denomina *know what,* pero tan importante es el *know how,* que actualmente se valora casi más —como acabamos de ver— y nos pone en contacto con las habilidades blandas, como ese conjunto de capacidades emocionales y actitudinales que nos permiten gestionar los recursos disponibles con los conocimientos adquiridos hacia el objetivo trazado.

Entre las capacidades blandas sin duda está la filosofía, o más bien el filosofar como pensar con método, pero no en ese sentido negativo de una persona que pierde el tiempo con discursos inútiles, sino del gestor sabio, compasivo y empático al servicio de sus equipos para que, al desarrollar el máximo potencial de sus talentos, se consigan los objetivos de la mejor manera posible. Filosofar es utilizar las capacidades filosóficas que se resumen en la competencia de la perspectiva y la competencia de la comprensión. Estas son habilidades blandas, pero con una característica diferente a otras: la elasticidad. Mientras las capacidades duras se relacionan con el conocimiento que depende de nuestra inteligencia y nuestra capacidad de aprendizaje, las capacidades blandas se relacionan con nuestra capacidad de relacionarnos y de aceptarnos. En cambio, las capacidades filosóficas tienen esa elasticidad que estudian los físicos en la mecánica de sólidos deformables. Existen materiales que desde una situación inicial se deforman, pero luego vuelven a la forma anterior. De la misma manera, la filosofía es una habilidad blanda, pero tiene la suficiente rigidez y solidez para, una vez ganada la perspectiva o la comprensión, volver al punto de partida y, de esta manera, ser consciente de la ganancia y poder actuar en consecuencia.

El amor al saber resulta imprescindible en la empresa y especialmente para los directivos que quieren ser exitosos. No es difícil reconocer cómo los líderes excepcionales, aquellos que dejan huella, se han sustentado en principios fundamentados en el saber. El poder ha sido una consecuencia del carisma, de la brillantez, de la visión y del uso ético e inteligente de la inteligencia, porque el saber determina el poder, no al revés. Saber es poder. Los problemas ocurren cuando es el poder el que determina el saber, pues se trata de un tipo de manipulación que conduce a la ocultación temporal de la verdad. Y eso conviene evitarlo porque tanto la mentira como la falsedad llevan al desastre sin paliativos.

LA FILOSOFÍA NOS OBLIGA A REALIZAR PREGUNTAS INCLUSO CUANDO TENEMOS ÉXITO.

La pregunta por el ser de la empresa

Además, hay que constatar que hoy vivimos en tiempos de incertidumbre y los paradigmas empresariales duran muy poco tiempo. Se necesitan organizaciones capaces de aprender, auténticas *learning organizations,* y eso no puede hacerse sin líderes capaces de aprender y desaprender con cierta rapidez. La filosofía constituye el perfecto entrenamiento para esta flexibilidad, para este rápido cambiar de gafas o de perspectiva, completamente necesario para adaptarse a los cambios del mercado o a las transformaciones sociales. La filosofía nos obliga a realizar preguntas incluso cuando tenemos éxito. ¿Por qué lo tenemos? Muchas empresas no lo saben o tan solo creen saberlo. Esa es la pregunta por el ser de la empresa, pero diremos: «Ya sabemos quiénes somos». Sí, por supuesto, sin embargo, el reverso de la pregunta es: «¿Quién nos aniquilará y cuándo? ¿Quién nos desplazará del mercado? Y eso no lo sabemos, pero necesitamos anticiparlo. No se puede bajar la guardia ni dormirse en los laureles. La filosofía es fastidiosa pues siempre está vigilante, como la lechuza de Hegel, pero esto es así precisamente porque es una garantía de seguridad. Hay que ejercer la voluntad de saber implícita en la filosofía para llegar a la sabiduría.

El saber no es una cosa, una entidad del conocimiento, sino una relación. El saber es siempre una interacción entre dos personas, un diálogo, un preguntar y responder, sea entre dos personas, dos grupos, una persona y un texto o incluso entre dos o varios textos. Cualquier combinación posible entre todas las alternativas citadas constituye una relación relevante de saber, que viene determinada por la intencionalidad de una clara voluntad de saber.

Puntos clave

- En una primera clasificación podemos considerar la filosofía una habilidad blanda que nos puede ayudar en el mundo de las organizaciones.
- El amor al saber que profesa la filosofía es una necesidad en el mundo de la empresa.
- Filosofar constituye la única manera de ganar perspectiva en las empresas.
- Más perspectiva es mayor comprensión, lo que abre más opciones estratégicas.

Preguntas y ejercicios

- Describe todo el tipo de saber que se incluye en una organización y a qué departamentos y roles afecta.
- Compara el temario de un MBA con el de la filosofía de 1.º de bachillerato. ¿Existen materias iguales? ¿Hay puntos de coincidencia? ¿Qué asignaturas quedan fuera?

7. El abuso del saber

> «El saber científico no puede saber y hacer saber lo que es el verdadero saber sin recurrir al otro saber, el relato, que para él es el no-saber, a falta del cual está obligado a presuponer por sí mismo y cae así en lo que condena, la petición de principio, el prejuicio. Pero ¿no cae también al autorizarse como relato?».
>
> LYOTARD, J-F. *La condición postmoderna,* p. 59

Las líneas rojas del saber

La parálisis por el análisis es una de las situaciones típicas de procrastinación en las empresas, donde lo que falta más que datos es una metodología de toma de decisiones o personas capaces de decidir en organizaciones tolerantes al fracaso. Por eso podemos hablar de que también existe un terreno donde el saber deja de ser útil. Encontramos diversas degeneraciones del saber. Estamos hablando, por supuesto, fuera del ámbito académico.

La primera es la *erudición,* lo que podríamos llamar *el saber por el saber.* Respondiendo a lo que suele decirse de que «el saber no ocupa lugar», quizás sea verdad, pero desde luego lo que sí ocupa es tiempo, y este no resulta infinito. El saber mesurado debe estar contextualizado, ser capaz de responder en tiempo y forma a los retos de la práctica concreta. No puede haber eruditos en una empresa. Ni de marketing.

Una segunda degeneración posible es el *dogmatismo,* defecto del saber que ocurre cuando existe un individualismo en el juicio de todo saber, cuando el sesgo de confirmación se emplea extensamente. Se trata de una utilización partidista y parcial del saber, de un enfoque cerrado que rechaza todo diálogo real. Se usa el saber propio como monopolio, como pensamiento único.

En tercer lugar, y en las antípodas de la anterior, está el *nihilismo* como desprecio absoluto del saber, que no sirve para nada. A esta postura puede llegarse por un escepticismo exacerbado e incluso podría derivar en un cinismo rebelde, dependiendo de si la actitud es de un nihilismo agresivo y militante. Aquí se emplea el saber para desacreditar todo saber.

En cuarto lugar, podríamos hablar del *hipercriticismo* como la degeneración del conocimiento en la que se utiliza el saber como arma para desmontar las ideas del contrario, sean las que sean. Aquí se pierde el horizonte instrumental del saber, de servir a algo concreto, a un objetivo predeterminado y personal; se pierde completamente la alineación empresarial. También puede llegarse a esta enfermedad del saber por un *hiperrelativismo* al pensar que todo es completamente relativo, posible, y que no existen principios y, por tanto, se carece de un criterio de asignación de valor esencial.

La utilidad de la filosofía en la empresa

Todos los abusos son perjudiciales, y los del saber también. Aunque pocos son capaces de aceptar que existen, esto es mucho más visible en el contexto práctico de empresa donde nos encontramos. El abuso del saber puro, del saber por el saber, es perjudicial en cualquier ámbito práctico y no constituye de ninguna manera el propósito de la filosofía.

EL ABUSO DEL SABER PURO, DEL SABER POR EL SABER, ES PERJUDICIAL EN CUALQUIER ÁMBITO PRÁCTICO.

Contestando a la pregunta que nos hacíamos al principio, ¿por qué necesitamos la filosofía en la empresa?, la principal respuesta es: «Para estar entrenados en varias habilidades y capacidades». Las enumeramos a continuación:

- Cambiar de perspectiva para ver las cosas desde múltiples ángulos de vista de una manera natural.

- Buscar las soluciones con rapidez.
- Hacerse las preguntas correctas.
- Razonar de manera coherente.
- Saber debatir las ideas.
- Analizar los hechos y las situaciones metódicamente.
- Aprender a estimar cuando no hay datos.
- Pensar estratégicamente para comprender la *big picture* con facilidad.

Puntos clave

- El saber es necesario en la empresa, pero no únicamente el conocimiento, sino el saber hacer.
- Hay que evitar los excesos del saber y sus degeneraciones.

Preguntas y ejercicios

- Identifica abusos de saber en tu organización, en personas o departamentos.
- Investiga qué formación tienen los perfiles que mantienen posturas extremas respecto al saber y, al contrario.
- Busca pautas comunes a los perfiles problemáticos.

2

¿POR QUÉ NECESITAMOS MITIGAR EL PODER?

«El tirano no se complace en nadie que tenga dignidad ni independencia; quiere ser el único en poseerlas; todo el que rivaliza con él en dignidado se conduce libremente priva a la tiranía de su preeminencia y de su carácter despótico y es por tanto objeto del odio del tirano, que lo considera enemigo de su autoridad».

ARISTÓTELES. *Política,* Libro VII, 1314a

1. Filocracia: amor por el poder

El abuso de poder

¿Cuál es la disciplina antagonista a la filosofía? ¿Cuál puede ser la antifilosofía? La disciplina que representa lo contario del amor al saber no es el odio al saber —eso sería simplemente estulticia—, sino el amor al poder.

La filocracia es el amor al poder como perversión de este, el deseo de acumular poder para mandar, para conseguir los objetivos personales disfrazados de objetivos empresariales. Es el poder por el poder, el abuso de poder impulsado por la ambición del poder.

Se trata de una realidad que el poder gusta en general. El ejercicio y la exhibición de fuerza que constituye el abuso de poder tiene un atractivo claro porque extiende los límites de la autoridad e incrementa su seguridad. La responsabilidad del poder se transforma en placer por el poder y, sin saber, no existe freno posible para ello hasta la autodestrucción o la victoria del contrapoder.

LA DISCIPLINA QUE REPRESENTA LO CONTARIO DEL AMOR AL SABER NO ES EL ODIO AL SABER —ESO SERÍA SIMPLEMENTE ESTULTICIA—, SINO EL AMOR AL PODER.

Habitualmente, siempre que se habla de organizaciones se prima el poder sobre el saber. Lo esencial es el poder, la jerarquía, la estructura departamental, la línea de mando, la responsabilidad de los presupuestos. Luego el estilo de poder viene definido por la cultura de empresa. Y en cuanto al saber, es lo complementario. Cuando se recluta a alguien verificamos su saber (*know what,* conocimientos, y *know how,* experiencia). Normalmente los conocimientos provienen de la parte de los estudios previos a la experiencia laboral y de los cursos de reciclaje, mientras que la experiencia suele ser determinante, pero no en sí misma, sino como dato: ¿hizo lo mismo que le pedimos que haga ahora? Pero el saber implica no solo las habilidades blandas que son aun así medibles, sino ese resto de personalidad y habilidad que se resiste a los test y al *curriculum vitae* pero que determina el verdadero potencial de las personas. Y ese reducto indeterminado, irreductible a cualquier medida, es la filosofía, la capacidad de filosofar.

Sin visión filosófica no hay futuro

Mientras podemos medir la capacidad de razonar, de pensar, con el pensamiento crítico, filosofar es la capacidad que mezcla comprensión, creatividad y análisis y que se resume en la visión y en todo lo que se puede hacer con ella. Pon atención a la frase: «Lo que se puede hacer con la visión», pues significa que la visión que proporciona el saber te habilita para el mejor ejercicio del poder. Sin visión el poder es fatuo, no tiene horizonte, no hay futuro. Con un saber, con una visión filosófica superior, el poder resultará mayor, las estrategias empresariales serán netamente superiores, pero no será ese poder sobre el personal, sino el poder de realizar los objetivos organizacionales.

En este sentido, filosofía y filocracia son antónimos. La filocracia es la degeneración de la filosofía. Ante la falta de saber, el poder ocupa todo el espacio. Las relaciones de la empresa dejan de estar basadas en el talento y tan solo responden a las instrumentales relaciones de poder formal o informal. La empresa necesita la filosofía. Los directivos deben utilizarla como un antídoto contra la filocracia. Pero vayamos por pasos; primero necesitamos entender en profundidad que es el poder.

Puntos clave

- Lo opuesto a la filosofía es la filocracia.
- Lo contrario al amor al saber no es el odio al saber, sino el amor al poder.
- A la capacidad de razonar que nos da el pensamiento crítico hay que sumarle la habilidad para ganar visión que nos da la filosofía como forma de mitigar el poder.

Preguntas y ejercicios

- Cataloga comportamientos singulares de gobernantes respecto al poder.
- Compáralos respecto a dirigentes empresariales.
- Extrae unas conclusiones provisionales de ello.

2. ¿Qué es el poder?

> «Toda guerra es justa desde que es necesaria; y es humanidad tomar las armas por la defensa de un pueblo cuando está en ellas su único y postrer recurso».
>
> MAQUIAVELO, N. *El príncipe,* p. 123

El poder también crea

El mejor ejemplo de poder coercitivo es obligar a alguien a hacer algo bajo la amenaza de despido inmediato. Sin embargo, el poder no siempre tiene un carácter negativo; también es positivo, crea identidades. Por ejemplo, cuando incentivamos ciertos comportamientos con remuneraciones económicas extras, como *bonus,* ejercemos un poder productivo.

Tenemos muchas definiciones de poder. La más genérica dice que es la capacidad de hacer algo, específicamente la capacidad de mandar en un contexto determinado. Es el ejercicio del dominio en un contexto determinado espaciotemporal. Hasta aquí esto no sería nada negativo, sino una descripción bastante aséptica que se asemejaría a la capacidad de gestión o de administración de una empresa o de un proyecto.

Para entender el poder en su esencia tenemos que recurrir a la teoría del poder, que constituye una parte de la filosofía política. La teoría del poder político es también, por extensión, el marco teórico de la administración de las cosas. El poder es el dominio de la autoridad. Al igual que hemos visto con el saber, también podemos ver que el poder es una relación, una interacción entre dos términos: un sujeto que ejerce un poder (el soberano, por antonomasia) y un sujeto (colectivo) sobre el que se ejerce el poder (el pueblo, por definición).

Como muy bien observa Hegel en la dialéctica del amo y del esclavo, el ejercicio del poder es paradójico porque la potencia del poder que tiene el soberano nace del pueblo, que es el que, por debilidad, miedo o seducción, renuncia al ejercicio de su poder, a la protesta, a la rebelión, al magnicidio, a cambio de seguridad o por la creencia de que se beneficiará de alguna manera. El amo y el esclavo, el soberano y el pueblo, se necesitan mutuamente y no puede existir el uno sin el otro. Tienen una interacción dialéctica. Como diría Spinoza, el poder activo del soberano y la potencia del pueblo se articulan en equilibrios y desequilibrios diversos en la dinámica de sus interacciones: la paz y la violencia, la magnanimidad y la crueldad.

EL SABER ESTABILIZA EL PODER.

El saber mediador

El poder, al igual que el saber, es completamente racional, pero la racionalidad es explosiva, y mal gestionada potencia el abuso de poder. El saber media las relaciones humanas para mitigar el poder. Podríamos hacer un símil con la dinamita: la nitroglicerina es un compuesto orgánico altamente explosivo, extremadamente sensible a cambios de temperatura y de movimiento, que inventó el químico italiano Ascanio Sobrero en 1846. Tan solo dos moléculas de nitroglicerina dan lugar a 17 gaseosas, por lo que 454 g generan 380 l de gases a presión, a temperatura ambiente. En 1867 Alfred Nobel encontró una manera para poder utilizar la nitroglicerina con la suficiente seguridad: mezclarla con sílice, ya que entonces el líquido se convierte en una pasta que se puede modelar para su colocación en varillas explosivas. Es lo que hoy conocemos como *dinamita*. Pues bien, esa es la relación del saber con el poder: el saber estabiliza el poder, lo devuelve a su estado de potencia, con lo que no necesita actualizarse, no es necesario que explote. Todo el mundo sabe de su capacidad, es un mecanismo disuasorio.

EL SABER CREA PODER Y EL PODER CREA SABER.

Puntos clave

- El poder es la capacidad de mandar en un dominio determinado.
- El poder depende de una autoridad y se ejerce sobre un grupo de personas.
- El saber filosófico es el contrapunto necesario para alcanzar un equilibrio con el ejercicio del poder.

Preguntas y ejercicios

- Compara *El príncipe,* de Maquiavelo, con *El principito,* de Antoine de Saint-Exupéry. No es una broma.
- Pide opiniones sobre qué es el poder a personas que conozcas del ámbito de la empresa.
- Observa cuántos se refieren a un poder sancionador y cuántos a un poder productivo.
- Extrae tres conclusiones al respecto.

3. Las disfunciones del poder

> «Llamo *servidumbre* a la impotencia humana para moderar y reprimir sus afectos, pues el hombre sometido a los afectos no es independiente, sino que está bajo la jurisdicción de la fortuna, cuyo poder sobre él llega hasta tal punto que a menudo se siente obligado, aun viendo lo que es mejor para él, a hacer lo que es peor».
>
> SPINOZA, B. *Ética demostrada según el orden geométrico,* p. 263

La corrupción del espíritu

El abuso de autoridad o de poder en la función pública es el correlato de la corrupción. La prevaricación, el cohecho o el tráfico de influencias solo son posibles extralimitándose en el ejercicio del poder por encima de las leyes y las normas. La corrupción material supone primero una corrupción del espíritu, del comportamiento ético. Los desequilibrios de poder también tienen importantes consecuencias en las organizaciones privadas.

Debemos evitar cualquier consideración moral del poder, que no es malo ni bueno, al menos el bien ejercido. Otra cosa son sus degeneraciones, como el abuso de poder o la acumulación de poder por el poder, que tan nefastas consecuencias producen, como veremos a continuación.

Por tanto, ejercer el poder es gestionar. Todos los recursos deben ser gestionados de una manera u otra, y no solo existe un sistema, sino muchos. Las empresas están orientadas a gestionar recursos varios para lograr un objetivo concreto y, por tanto, tienen una estructura de poder establecida para conseguir sus metas. Tanto si hablamos de poder formal como informal, visible o invisible, todo es poder y funciona en la dinámica de consecución de objetivos. No puede haber proyecto o empresa sin una voluntad de poder, un deseo de querer hacer cosas. La voluntad de poder es imprescindible y no algo negativo; se trata de la energía que hace que las cosas ocurran. Es algo neutro, hasta que deja de serlo en virtud de las diversas degeneraciones posibles.

LA VOLUNTAD DE PODER ES IMPRESCINDIBLE Y NO ALGO NEGATIVO; SE TRATA DE LA ENERGÍA QUE HACE QUE LAS COSAS OCURRAN.

La corrupción del poder

La gestión pura del poder, el poder por el poder, conduce inevitablemente a su abuso, pues no existen otros parámetros que puedan compensarlo. Como cualquier cosa autocrática, es decir, cuyos principios y fines están en sí mismos, al igual que ocurre en una dictadura política, muchas personas quedan fuera de toda consideración y se convierte en poco tiempo en un sistema ineficaz e injusto. Las degeneraciones del poder son muy variadas, y la teoría política proporciona ayuda en estas cuestiones. La división clásica de las formas de poder postulada por Aristóteles, considerada de una manera muy general, puede definir bien cómo el poder puede degenerar en un abuso no ético en las organizaciones.

La *monarquía* es la forma donde el poder está concentrado en un individuo. En la Antigüedad normalmente formaba parte de una dinastía que heredaba ese poder. La degeneración sería la *tiranía,* que tiene que ver con el poder absoluto y con el uso de la violencia para acceder al poder y mantenerlo.

La *aristocracia* es el gobierno de un grupo, de unos pocos; de una élite normalmente que sobresale por su sabiduría y virtud. Pero esta forma fácilmente degenera en una *oligarquía* corrupta, cuyo único objetivo se centra en mantenerse en el poder y beneficiarse a nivel personal.

Finalmente, está la *democracia,* o el gobierno de muchos, del pueblo notablemente, aunque sea a través de sus representantes. En el caso de la democracia ateniense, conviene recordar que la gran mayoría de los puestos eran de corta duración y por sorteo con intención de evitar su corrupción. Sin embargo, la democracia degenera en *demagogia* cuando los gobernantes apelan a la retórica engañosa, a la desinformación, a aprovecharse de los miedos de los gobernados, en definitiva, a las emociones negativas, para convertir una democracia en una tiranía en el gobierno de los representantes como si fuera una aristocracia.

Todo esto no solo resuena de gran actualidad, sino que además tiene una transposición al mundo de la empresa bastante inmediata. Seguro que habrás reconocido situaciones más o menos informales que ocurren en tu empresa. Más allá de cualquier jerarquía formal, sabemos que el poder real se construye por redes de individuos con objetivos comunes. En esto es importante ver cómo las degeneraciones de poder no solo pueden ocurrir en el extremo del que ejerce el poder, sino también en el contrario, en aquel sobre el que se ejerce el poder.

Los problemas degenerativos que surgen desde el lado de los empleados suelen ser la resistencia al poder, como la actitud que va desde la más completa y explícita desobediencia hasta la más sutil del abandono de funciones o una perniciosa estrategia de desmontaje de resortes clave para el fracaso de las iniciativas de poder.

El otro problema es el contrapoder, que sucede cuando grupos de individuos organizados crean una oposición interna alternativa al poder existente, un desafío frontal al que ejerce poder que suele determinar un choque violento y de rápida resolución.

Puntos clave

- El poder suele degenerar en formas abusivas.
- El poder ocurre tanto en la empresa como en la política.
- El poder por el poder olvida el saber necesario en la empresa.

Preguntas y ejercicios

- Identifica las disfunciones del poder en la actualidad en los gobiernos de diversos países.
- Identifica las disfunciones del poder en tu organización.
- Propón medidas concretas para mitigar estos problemas.

4. La deuda del saber

«La resistencia a la teoría es una resistencia a la dimensión retórica o tropológica del lenguaje, una dimensión que quizás se halle explícitamente en primer plano de la literatura (concebida de modo amplio) respecto a otras manifestaciones verbales o —por ser menos vago— que puede ser revelada en cualquier acontecimiento verbal cuando es leído textualmente. Puesto que la gramática, al igual que la figuración, es parte integral de la lectura, se sigue que la lectura será un proceso negativo en el que la cognición gramatical queda deshecha en todo momento por su desplazamiento retórico».

De Man, P. *La resistencia a la teoría,* p. 32

La deuda soberana

El efecto de la deuda es que, si no pagas, te embargan. Si tienes una deuda de saber, el saber de los directivos de tu empresa estará embargado por el poder. Se trata de una deuda de los soberanos, es decir, de los que mandan en la organización.

Después de entender que en cualquier empresa necesitamos el saber y el poder y que cada uno por separado tiene sus propias degeneraciones, ahora queremos ver cuál es el equilibrio que debe lograrse entre el saber y el poder. Para entender mejor ese balance necesario entre esas dos fuerzas podemos trasladarlo al ámbito militar. La transposición sería el equilibrio entre inteligencia y ofensiva: cuanta más inteligencia eres capaz de acumular, menos ofensiva necesitas provocar; cuanto más precisa es la inteligencia, hay menos necesidad de fuerza. Todo redunda en menos bajas y en asegurar la victoria. La guerra por la guerra, sin pensar ni saber, conduce a la improvisación y al desastre.

El poder o la capacidad ofensiva han de mitigarse con el saber o la inteligencia militar. Y esto también funciona en la empresa, aunque en ocasiones se olvide: cuanto más saber, menos poder innecesario.

CUANTO MÁS SABER, MENOS PODER INNECESARIO.

El equilibrio presupuestario

Una empresa no es gestión pura, no es ejercicio de poder sin más, sino también una organización que piensa, aprende y tiene conocimientos. Toda esta parte que genéricamente englobamos dentro del saber es tan necesaria como la ejecución. Peter Drucker dijo una famosa frase: «La cultura se come la estrategia para el desayuno». El saber, que es parte de la cultura de empresa, de lo que creen las personas que conforman los equipos empresariales, determina la ejecución de la estrategia. En este sentido, vemos cómo saber y poder trabajan conjuntamente y ambos son necesarios. Sin embargo, no siempre ocurre así; en muchas ocasiones no existe un equilibrio sano. Cuando encontramos que el poder prevalece sobre el saber, que la ejecución y el ejercicio del poder priman sobre cualquier cosa, ese olvido del saber se convierte en una deuda que al final se acabará pagando de alguna manera.

Gráfico 2.1 El círculo de la sabiduría

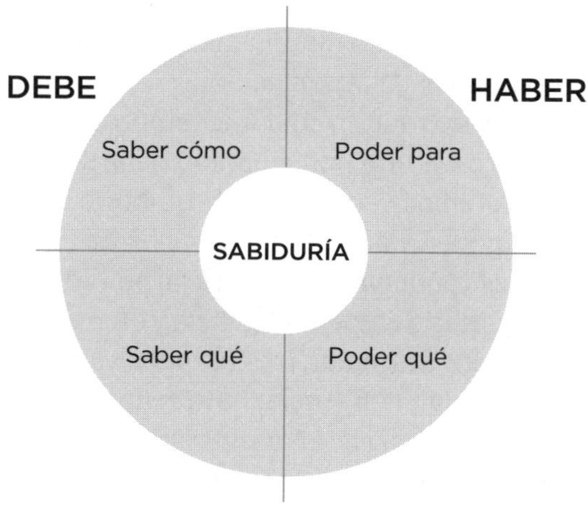

El balance del poder-saber se aprecia en el gráfico 2.1. Existe un *poder qué,* la capacidad de ejercer poder tal y como está establecido formalmente, y un *poder para*, un poder informal ejercido para realizar un objetivo concreto. De la misma manera, hay un *saber qué* concentrado en los conocimientos, en una organización aparte del conocimiento propio de la gestión (el MBA), y un conocimiento o *expertise* sobre cómo hacer los productos y servicios. El directivo necesita el saber filosófico para gestionar los cuatro cuadrantes y alcanzar el nivel de gestión óptima, eficiente y temperada, es decir, sin excesos innecesarios.

Este suele ser uno de los grandes problemas de las empresas: su prolongada y profunda deuda con el saber. El equilibrio entre poder y saber tiene una contabilidad propia: cuando se le quita al uno, se le suma al otro. Hay un debe y un haber. Es necesario alcanzar el equilibrio de los presupuestos filosóficos que conforman la empresa. También es perfectamente posible tener una deuda con el poder cuando se analizan o estudian demasiado las cosas y no se toman decisiones, pero en el mundo de la gestión, donde existe una presión por los resultados, por alcanzar los objetivos y no por saber más que otros, suele tenerse una deuda con el saber.

Puntos clave

- Saber y poder tienen su propia contabilidad en la empresa.
- Suele existir una deuda del saber filosófico en las organizaciones.
- Cuanto más saber, menos poder innecesario.
- El directivo necesita el saber filosófico para ejercer un poder adecuado.

Preguntas y ejercicios

- Explora el concepto de *deuda tecnológica.*
- Intenta valorar la deuda del saber en tu organización comparada con el ejercicio del poder.

- ¿Cuántos directivos en tu empresa se han formado en habilidades blandas y/o resultan excepcionales en su destreza?
- ¿Qué directivos tienen una capacidad de juicio desarrollada tal que suelen acertar y te fiarías de ellos para decisiones importantes? ¿Qué formación y experiencia tienen?

5. El olvido de la filosofía

> «El conocimiento filosófico no difiere esencialmente del conocimiento científico; no hay fuente especial de sabiduría, abierta a la filosofía y no a la ciencia, y los resultados obtenidos por la filosofía no son radicalmente diferentes de los obtenidos por la ciencia. La característica esencial de la filosofía, que hace de ella un estudio distinto de la ciencia, es la crítica».
>
> RUSSELL, B. *Los problemas de la filosofía,* p. 127

La mala fama de la filosofía

La filosofía ha gozado de un sublime descrédito, una mala fama, en el mundo de la empresa desde antaño, pero esta situación se está revertiendo. Al decano de Filosofía de la Universidad Complutense de Madrid, Juan Antonio Valor, le pidieron asesoramiento desde un fondo de inversión para reclutar a treinta doctores en filosofía que incorporar a su equipo. La idea era crear parejas formadas por un filósofo y un economista para conseguir tomar las mejores decisiones sobre dónde invertir teniendo en cuenta las últimas consecuencias sociales que están directamente relacionadas con el éxito.

Centrarse en el poder es olvidar el saber, olvidarse de la filosofía. El olvido de la filosofía en la empresa resulta extremadamente peligroso. Para reequilibrar un poder desbocado, hay que desarrollar la voluntad de saber que permita reducir la deuda del saber adquirida. La filosofía como voluntad de saber para alcanzar la sabiduría es el mecanismo que posibilita temperar la acción del gobierno empresarial. La deuda del saber es el olvido o la desconsideración de todo lo que se engloba en la filosofía, el desprecio de todo conocimiento de gestión y liderazgo equilibrado que proporciona la filosofía, lo que conduce al sufrimiento de los empleados y, a la larga, a disfuncionalidades irreversibles en la empresa que merman la eficacia en vez de potenciarla.

Con este libro quiero ayudar a resolver esta carencia, este desconocimiento de la utilidad empresarial de la filosofía para los directivos. La filosofía sirve para mejorar actitudes y aptitudes de los directivos en cuanto a visión estratégica, a su capacidad de comunicación, a su habilidad para motivar e impulsar equipos humanos, a su virtud de aprendizaje y a una larga lista de aptitudes que lo pueden convertir en un líder sabio, efectivo y equilibrado.

LA FILOSOFÍA SIRVE PARA MEJORAR LAS ACTITUDES Y APTITUDES DE LOS DIRECTIVOS.

La filosofía sale del aula

Tenemos que constatar que la filosofía ha sido en tiempos pretéritos una materia preferente en los estudios superiores para cualquier persona que vaya a gobernar, tanto si es un político (que gestiona la cosa pública) como un directivo o empresario (que gestiona la cosa privada). La filosofía ha resultado esencial en la educación de la élite durante la mayor parte de nuestra historia, desde las academias de los filósofos griegos, pasando por las universidades medievales, y al menos hasta el siglo XVIII, cuando la especialización del saber hizo que la filosofía tuviera una facultad separada de la ciencia y de otras disciplinas. Desde entonces, empezó un período de ensimismamiento académico que la alejó del debate social, político y empresarial.

El olvido de la filosofía en parte se debe a ese desarrollo histórico donde la segregación de la filosofía la aparta definitivamente de la enseñanza de toda gobernanza. Sin embargo, nuestros tiempos digitales se asemejan más al Renacimiento y existe una necesidad de interrelacionar disciplinas hasta ahora separadas. Es un hecho que en los centros de innovación más avanzados del mundo y universidades de nuevo cuño innovador la filosofía ha vuelto a encontrar un lugar donde resulta imprescindible. Finalmente, está saliendo del aula. Por ejemplo, cualquier debate sobre el alcance de nuevas tecnologías, como la inteligencia artificial (IA) o la genética, necesita a expertos en ética que provienen de la filosofía. No se imparte por casualidad un Master Of Science (MSc) In Business Administration and Philosophy en la Copenhagen Business School.

La filosofía fue y puede volver a ser una herramienta imprescindible para los directivos actuales.

Puntos clave

- La manera de amortizar la deuda del saber en las organizaciones es con el saber filosófico.
- La deuda del saber se traduce en el olvido inexplicable de la filosofía en la empresa.
- Los directivos deben aprender a filosofar y a utilizar la deuda para adquirir sabiduría en un apalancamiento estratégico.

Preguntas y ejercicios

- Responde a las siguientes preguntas: ¿Qué puedo saber? ¿Qué debo hacer? ¿Qué me cabe esperar? ¿Quién soy yo?
- ¿Qué recuerdas de tus estudios de filosofía de bachillerato?
- ¿Cuánto tiempo necesitas para ponerte al día?
- Haz un plan después de la lectura de este libro para recuperar y ampliar el conocimiento de la filosofía.

6. Invertir en saber

«Un saber se define por posibilidades de utilización y de apropiación ofrecidas por el discurso (así, el saber de la economía política, en la época clásica, no es la tesis de las diferentes tesis sostenidas, sino el conjunto de sus puntos de articulación sobre otros discursos o sobre otras prácticas que no son discursivas). Existen saberes que son independientes de las ciencias (que no son ni su esbozo histórico ni su reverso vivido), pero no existe saber sin una práctica discursiva definida; y toda práctica discursiva puede definirse por el saber qué forma».

FOUCAULT, M. *La arqueología del saber,* p. 307

La inversión en filosofía tiene un retorno positivo

En un entorno inflacionario como en el que vivimos hoy, donde los precios suben constantemente, las inversiones son cada vez más difíciles, pues necesitan un mayor retorno. Algo parecido sucede con el saber: cada vez hay más cantidad de saber disponible, obviamente redundante, lo que crea un ruido notable, pero cada día existe más saber nuevo, y estar al día resulta complicado. En cualquier caso, no invertir en saber sale muy caro ya que la competitividad cae en picado.

Como conclusión a lo que hemos dicho hasta ahora, es necesario tener la conciencia de que siempre en alguna medida hay que invertir en el saber, en mayúscula, en las organizaciones. Cuando hablamos de *saber* no lo hacemos de formación, sino de saber pensar, de razonar filosóficamente. El saber y el poder son los activos más importantes de una empresa. Su contabilidad, su debe y su haber, deben mantener un equilibrio para que el balance resulte adecuado. Para compensar el exceso de poder o de deuda del saber, ha de ejercerse una voluntad de saber que pueda compensar la degeneración del poder. La filosofía viene a reequilibrar la degeneración filocrática de la empresa. Resulta esencial que los directivos se formen también en filosofía y aprendan a filosofar y a saber pensar. Hay que invertir en saber, en filosofía, lo que es también invertir en talento. El déficit filosófico, esa falta de saber filosofía en las organizaciones, tiene que mitigarse urgentemente con una inversión en aprender a filosofar. La inversión en filosofía siempre tiene un retorno positivo.

Es interesante ver que Kant habla al final de la *Crítica de la razón pura* (p. 455) de tener «una empresa en el pensamiento» *(Unternehmung in Gedanken)*. No es una frase capital en el texto, pero sí una metáfora muy interesante. Es curioso que la use, y resulta de una clara influencia en el mundo del emprendimiento y de la empresa. En este pasaje Kant está identificando pensar con emprender, está relacionando pensar con realizar un proyecto, y esta palabra tiene su origen en la proyección geométrica, en la perspectiva. El pensamiento filosófico es una empresa donde se gana perspectiva. Ese emprender es la voluntad de saber. La empresa de la filosofía consiste en ganar saber para poder hacer cosas.

«Haz aquello que puede hacerte digno de ser dichoso».

KANT, I. *Crítica de la razón pura,* p. 446

La visión de rayos X de Superman

La gestión del saber, más que la mera acumulación de conocimientos, permite al directivo llegar a la sabiduría. Aprender filosofía es mitigar el abuso del poder mediante la inversión en saber que se había postergado u olvidado.

APRENDER FILOSOFÍA ES MITIGAR EL ABUSO DEL PODER MEDIANTE LA INVERSIÓN EN SABER QUE SE HABÍA POSTERGADO U OLVIDADO.

El saber filosófico es el que nos permite conseguir la mayor perspectiva posible. El beneficio que nos transmite es la ganancia de perspectiva, la multiplicación de la comprensión como si se tratara de un microscopio. Nos posibilita ver cosas que para otros son invisibles, igual que la visión de rayos X de Superman. La filosofía está por encima del saber vulgar o sentido común y del propio saber científico. Si, por ejemplo, queremos entender la caída del Imperio romano, podemos aducir causas religiosas, culturales, naturales, políticas y económicas. Los historiadores han defendido teorías primando una de las causas sobre otras. Depende de nuestra capacidad de comprensión, de nuestra perspectiva, tener una visión reduccionista como un mero conflicto religioso o contar con una visión más amplia y profunda y entender que se trata de un fenómeno multifactorial. La perspectiva nos permite hacer más cosas y diferentes ante cualquier problema o situación.

Respondiendo a la pregunta inicial ¿por qué necesitamos mitigar al poder?, la respuesta sería: «Para evitar las desviaciones y los excesos que suele comportar, pero especialmente para liquidar la deuda del saber por la que todo eso sucede». Y esa deuda solo se puede reducir mediante la inversión en saber con la voluntad necesaria. Los directivos son los responsables de tener el balance de situación equilibrado: el activo del poder y el pasivo del saber.

En los próximos capítulos veremos por qué la filosofía es una herramienta para directivos.

Puntos clave

- Es necesario utilizar la filosofía en las organizaciones para conseguir el equilibrio entre saber y poder.
- Esta utilización solo puede hacerse formando a los directivos no en filosofía, sino en el ejercicio de filosofar.

Preguntas y ejercicios

- Bucea en las estadísticas y compara el retorno de las inversiones en empresas con servicios intangibles respecto a las que se basan en activos materiales en los últimos diez años.
- Diseña un plan para formar a los directivos de tu empresa en filosofía y el ejercicio de filosofar.

3

LA EMPRESA DE LA FILOSOFÍA

«La mayoría de los hombres se pasa los días procurando evadir tres preguntas, cuyas respuestas son la base de cada pensamiento, sentimiento y acción del hombre, sea consciente de ello o no: ¿dónde estoy?; ¿cómo lo sé?; ¿qué debo hacer?».

RAND, A. *Filosofía: ¿quién la necesita?,* p. 14

1. Los oficios de los filósofos

Filósofos pluriempleados

Wittgenstein es uno de los filósofos más extraordinarios que hayan existido jamás, no solo por su obra, sino también por su vida. Trabajó como jardinero y como maestro de colegio, construyó una casa a su hermana en Viena (la *Haus Wittgenstein*) que ha quedado como un ejemplo de arquitectura funcional. Retuvo una patente del motor a reacción, renunció a su fortuna familiar en favor de sus hermanos y les hizo prometer que nunca se la devolvieran. Fue enfermero voluntario en el Guy Hospital de Londres durante la Segunda Guerra Mundial. Llegó a ser un habitual de las tertulias de Keynes y también formó parte del célebre Círculo de Viena. Siendo soldado voluntario durante la Primera Guerra Mundial, escribió en las eternas estancias de las trincheras, entre tiro y tiro, incluso siendo prisionero, esa obra que pocos académicos entendían, el *Tractatus logico-philosophicus*. Wittgenstein fue polifacético y es un claro ejemplo de que para ser filósofo no hace falta ser profesor, aunque él también lo fue en Cambridge, y entre sus alumnos tuvo al célebre Alan Turing.

La filosofía no tiene por qué estar alejada de la cotidianidad. Los filósofos también comen y, por tanto, tienen que trabajar o generar alguna actividad económica productiva. Antes de que históricamente los filósofos, con mayor o menor acuerdo, fueran encerrados en su propia facultad de filosofía, eran gente normal y enseñaban filosofía a todo el mundo. Debemos sacarnos de la cabeza esa falsa idea de que siempre han sido profesores que viven al margen de la sociedad. También habría que preguntarse si todos los profesores de filosofía son filósofos. Mi respuesta sería que no, pero esta es otra discusión.

Sócrates andaba por las calles como un charlatán más y hablaba de todos los temas, pero en realidad era una persona muy capaz y lo que hacía era educar a los demás, pero no imponiéndoles sus conocimientos, sino ayudándoles a pensar por sí mismos a través del diálogo.

El hábito no hace al monje

Platón fundó la academia más importante de la Antigüedad con el nombre homónimo, que ha llegado a ser la palabra por antonomasia para referirse a una institución educativa. No se puede negar que la filosofía y la educación siempre han ido juntas, pero los filósofos no siempre se han dedicado a enseñar o no lo han hecho en todo momento en exclusiva. Han tenido diversos oficios antes, durante y después de su actividad filosófica, relacionada con la educación y la escritura.

Así, el estoico Cleantes de Assos se llegó a ganar la vida como boxeador y como aguador, mientras que Teofrasto de joven lo hizo recitando poemas por las casas con su madre. Y, sin ir más lejos, el mismo Aristóteles fue el instructor de Alejandro Magno, pagado por el padre de este, Filipo II de Macedonia, y no fue hasta años más tarde cuando fundó el Liceo, su propia academia de enseñanza de filosofía, que rivalizó con la popular Academia de su maestro Platón.

Por su parte, Cicerón fue senador y procónsul, es decir, político y gestor de la administración pública, toda su vida, hasta que se retiró a escribir, como él decía, después del *negotium* (la actividad profesional o comercial) para dedicarse al *otium cum dignitate* (el ocio con la relevancia que confiere escribir filosofía). Asimismo, Séneca trabajó toda su vida como político profesional: fue senador en Roma en tiempos de Calígula y uno de los oradores más importantes.

Spinoza, al ser excomulgado de la comunidad judía de Ámsterdam, decidió aprender un oficio para subsistir y eligió ser pulidor de lentes. Este es otro perfil de filósofo: investigador científico y escritor que se mantiene con recursos no generados por la filosofía y que no fue profesor.

En cuanto a François-Marie Aroue, más conocido como Voltaire, quería ser rico para no tener que preocuparse por su subsistencia, por lo que, para hacerse millonario, se alió con el matemático Charles Marie de La Condamine para explotar un defecto del sistema de lotería que había concebido el ministro de Finanzas Michel Robert Le Peletier Des Forts. Compraron a buen precio los boletos que daban derecho a acumular casi todos los números de la lotería y esta estrategia de juego les funcionó. A partir de entonces Voltaire incrementó su fortuna, adquirió una remesa de plata americana en Cádiz y especuló en diversas operaciones financieras hasta convertirse en uno de los mayores rentistas de Francia.

Respecto a Engels, primero fue empleado y luego copropietario de la fábrica Ermer & Engels en Manchester. Fue un gestor experimentado, no un vago redomado, como su querido amigo Marx, quien solo se dedicó a escribir y a estudiar y vivió del patrocinio de familiares y amigos. Sin embargo, hay que señalar que Marx murió rico y dejó una fortuna más que decente a sus hijas, ya que en sus últimos años realizó arriesgadas inversiones en Bolsa que le generaron pingües beneficios. Ellos tampoco fueron profesores.

ES LA CAPACIDAD LA QUE HACE AL FILÓSOFO, NO SU OFICIO.

Esta es tan solo una pequeña muestra de cómo los filósofos han estado muy implicados en el mundo cotidiano y en la economía, algo que hoy también está volviendo a ocurrir, como tendremos ocasión de comprobar.

Esto nos lleva a concluir que el oficio académico de filósofo, como ocurre en la actualidad, no tiene mucho que ver con la capacidad de escribir obras de filosofía o de filosofar (debatir filosóficamente) en ámbitos públicos y, por tanto, de ser filósofo. Los oficios de los filósofos han sido y son variados. Es la persona la que hace al filósofo; son su mente, su manera de pensar, sus conocimientos, su metodología, su capacidad de escribir, pero no el hecho de dar clases o de habitar en una institución académica, aunque el academicismo proteja esta especie endogámica de profesores-funcionarios gregariamente. Es la capacidad la que hace al filósofo, no su oficio. El hábito no hace al monje.

Cualquiera puede ser filósofo. La filosofía es para todo y para todos. Cualquier persona puede beneficiarse de ella en los más variados ámbitos.

Puntos clave

- Los filósofos han ejercido y ejercen los más variados oficios.
- No siempre ni todo el tiempo los filósofos han ejercido o ejercen como profesores.
- No siempre los filósofos han sido o son solo profesores de futuros alumnos de filosofía.
- Es la capacidad individual de filosofar la que hace al filósofo, no su oficio.

Preguntas y ejercicios

- Enumera diferentes oficios que los filósofos han realizado a tiempo completo o parcial durante la historia de la filosofía mientras no hayan sido profesores de filosofía a cualquier nivel.

2. El oficio de filósofo

> «Toda nuestra dignidad consiste, por tanto, en el pensamiento; de ahí es de donde nos es menester realizarnos, y no del espacio ni del tiempo, que no podemos llenar. Trabajamos, por consiguiente, en pensar bien; de ahí el principio de la moral».
>
> PASCAL, B. *Pensamientos,* p. 98

El síndrome de Sheldon Cooper

Dice el chiste que, al acabar su conferencia, el filósofo interpela a su audiencia diciendo: «Si ustedes me han comprendido bien, es que me he explicado mal». Tal es la percepción social de la filosofía. Se trata de la consideración del filósofo profesional, del filósofo académico, del profesor despistado, inmerso en sus pensamientos sobre los textos de la tradición filosófica, completamente indiferente a la común vida de los mortales; es el *nerd* por antonomasia, desde tiempos inmemoriales, como el personaje Sheldon Cooper en la famosa serie *The Big Bang Theory*. Los filósofos son auténticos *nerds* o empollones, pero cada vez más están superando este síndrome y convirtiéndose en *geeks,* término que designa a los técnicos con una vocación mucho más práctica.

Como hemos visto anteriormente, cuando el saber es tan extraordinariamente extenso, empieza la especialización, y la filosofía, en vez de ser transversal y enseñarse en otras facultades —que hubiera sido lo propio—, se encierra en su propio cubículo del saber y empieza a enseñar filosofía únicamente a futuros filósofos. Se crea así una herencia endogámica del saber filosófico. En ese preciso momento se desconecta completamente de la sociedad; únicamente sus veleidades políticas le permiten salir con ciertos autores y en determinadas circunstancias. Pero antes no era así: en el mundo antiguo los conocimientos estaban muy cercanos unos de otros, y todo cabía en una cabeza. Y no cabía en ninguna cabeza que la filosofía no fuera una materia importante para cualquiera que quisiera formarse.

El profesor chiflado

Aquí nace el oficio de filósofo, el filósofo profesional, pagado por el Estado o por instituciones privadas, que al final también están mayoritariamente subvencionadas con dinero público, lo que supone una notoria novedad y genera cierta pesadumbre. Ese filósofo académico, ese profesor chiflado, se ha ido convertido cada vez en más críptico, difícil de entender y, aunque quiere dar lecciones de cómo funciona la sociedad, está radicalmente separado de la vida cotidiana y del mundo de la empresa. La libertad de cátedra y la autonomía universitaria han ido perdiendo fuerza hasta que la filosofía se ha convertido en una disciplina sumisa al poder establecido, con sus diferentes sabores culturales, que dan a sus parroquias de todo signo político lo que quieren escuchar y nada de lo que les podría desafiar. Salvando honrosas excepciones, tenemos a pseudoliteratos que nos hablan del desánimo o del cansancio, como Byung-Chul Han, que mejor podrían empezar a trabajar en una fábrica de la SEAT para saber de lo que hablan. Son aparentemente los rebeldes del sistema, pero en realidad no pasan de ser intelectuales inocuos, desconectados del debate social y de los avatares vitales con los que las personas normales sufren. Perder y ganar dinero es ley de vida, pero no para los filósofos profesionales.

> «¿Cuantos filósofos hay que reconozcan que se habían equivocado? ¡Un filósofo no se equivoca nunca!».
>
> Althusser, L. *Curso de filosofía para científicos,* p. 17

El filósofo contemporáneo es mayoritariamente un funcionario del Estado, alguien que no realiza ninguna actividad productiva ni genera valor y que tampoco conoce el funcionamiento de la economía lo más mínimo. La especialización del saber y su cientificación relegaron la filosofía a un ámbito segregado de la sociedad, conformando una élite cerrada y gregaria. Por eso, la visión de la filosofía no ha sido muy positiva para la mayor parte de las personas y, sobre todo, siempre ha tenido esa aureola de que no sirve para nada, especialmente para el mundo de la empresa, que es donde se cuece la materialidad de la economía que determina el mundo donde vivimos. Afortunadamente, esto es algo que está cambiando y, como ya hemos visto, no siempre ha sido así.

La filosofía está saliendo de la academia, tanto para filosofar como para enseñar, lo que resulta muy positivo, pues restituye el papel transversal que esta disciplina había perdido. La función práctica de la filosofía ha sido neutralizada durante siglos, pero ahora parece que ha llegado el momento de volver a la sociedad, aunque de una manera renovada. La filosofía está saliendo de su ámbito académico, se está conectando poderosamente con otras disciplinas científicas y está entrando por fin en el debate contemporáneo. Estamos empezando a dejar de ver a los filósofos como bichos raros, aunque lo sean, pues no todos están aún a la altura del reto de integrarse en la sociedad después de vivir de espaldas durante décadas en lo que podríamos llamar la *filosofía del* foie gras, la de profesionales que son alimentados por el Estado pase lo que pase, como los gansos sobrealimentados. La filosofía fue un emprendimiento del pensamiento que tenía su riesgo —solo hay que ver la cantidad de fallecimientos violentos que los filósofos han sufrido durante la historia—, y ahora lo estamos recuperando.

LA FUNCIÓN PRÁCTICA DE LA FILOSOFÍA HA SIDO NEUTRALIZADA DURANTE SIGLOS, PERO AHORA PARECE QUE HA LLEGADO EL MOMENTO DE VOLVER A LA SOCIEDAD.

Hegel consolida la especialización de la filosofía a través de la institucionalización de la historia de la filosofía, una contribución que se explica fácilmente por qué la filosofía de Hegel es historicista. Está construida sobre la idea de progreso, sobre la concepción dialéctica de la evolución social, según la cual se superan y sustituyen formas culturales más primitivas por otras más avanzadas. Al escribir una detallada historia de la filosofía, Hegel la convierte en una disciplina autónoma. Estar dotada de un origen y de una evolución lógica, a través de las obras de los autores pertenecientes a diferentes épocas, le dio una identidad inconfundible. Para Hegel la filosofía era hacer historia de la filosofía, pero solo se trata de una opción entre tantas.

La influencia hegeliana ha dejado el poso de esas ideas fuertes que dominan nuestra mente al pensar en la filosofía: una disciplina que evoluciona desde los filósofos presocráticos hasta el mundo presente, una consecución de obras imprescindibles y crípticas y unos autores que son profesores de filosofía en su gran mayoría. Sin embargo, un auténtico examen empírico de cómo vivían los filósofos, como hemos visto anteriormente, desmonta este paradigma. Insisto en ello.

Puntos clave

- La historia de la filosofía nos condiciona enormemente a la hora de entender la filosofía y nos pone ante una tarea imposible.
- Una cosa es filosofar y otra la historia; no es necesario abordar el canon de obras filosóficas en su totalidad para ser filósofo.
- Recientemente, con el origen de las facultades de filosofía, esta empezó a perder el contacto con la sociedad, pero esto está cambiando.

Preguntas y ejercicios

- Conoce lo que hay que hacer hoy para tener una titulación del grado de filosofía.
- Explora qué alternativas de formación de filosofía tienes fuera de la universidad.
- Intenta identificar qué escuelas de negocios imparten clases de filosofía en sus programas.

3. La filosofía extraoficial

> «La verdadera filosofía consiste en aprender de nuevo a ver el mundo, y en este sentido una historia relatada puede significar el mundo con tanta "profundidad" como un tratado de filosofía. Nosotros tomamos nuestro destino en las manos, nos convertimos en responsables de nuestra historia mediante la reflexión, pero también mediante una decisión en la que empeñamos nuestra vida; y en ambos casos se trata de un acto violento que se verifica ejerciéndose».
>
> MERLEAU-PONTY, M. *Fenomenología de la percepción,* p. 20

La filosofía empieza por los niños

Una novela muy especial, *El descubrimiento de Harry,* de Matthew Lipman, es un libro de filosofía para niños de diez a catorce años. Con su lectura los menores pueden aprender herramientas básicas para pensar y utilizar la lógica formal. Lipman fue pionero en el desarrollo de la filosofía para niños y su principal teórico. Partiendo de las ideas pedagógicas de John Dewey sobre el pensamiento crítico, se planteó impulsar la enseñanza de la filosofía en edades tempranas con el objetivo de desarrollar la capacidad de pensar por sí mismo a través de talleres creativos. Lipman sacó la filosofía de su zona oficial de confort y consiguió una transformación radical de la pedagogía.

Sabemos que hay otras filosofías además de la occidental; filosofías orientales como la india, la china, la hebrea o la árabe, entre otras, han contribuido poderosamente al desarrollo conceptual de la humanidad. Muchas de estas filosofías, a pesar de tener algunas similitudes con la filosofía occidental, cuentan con mucha más relación con una espiritualidad religiosa. La racionalidad de la filosofía occidental está emparentada con el nacimiento de la ciencia. Fuera de la tradición occidental ha habido contribuciones matemáticas y tecnológicas, pero ninguna otra ha dado lugar a la ciencia, y este es un hecho incontrovertible que no se puede soslayar; por eso, concentrarse en la filosofía occidental es necesario. La filosofía no solo es amor al saber, sino un saber de saberes que aún puede generar muchos otros. La filosofía resulta mejor cuando más se relaciona con otros saberes, con otras disciplinas, o, dicho más sintéticamente, cuando se ocupa de filosofar sobre problemas no filosóficos. Lo repito: la filosofía es para todo y para todos. Por eso, es la madre de tantas ciencias. Si fuera pura palabrería, esto no hubiera ocurrido. La interdisciplinariedad está en el centro de la filosofía.

NO ES NECESARIO SER PROFESOR DE FILOSOFÍA PARA SER FILÓSOFO O PARA FILOSOFAR.

La sala de la fama de los filósofos no académicos

Existe una filosofía extraoficial, sin oficio, de filósofos que trabajan en otras cosas, como de no filósofos que son profesores de filosofía o de filósofos sin estudios de filosofía. Hay también muchas personas graduadas en Filosofía que no han escrito obras de filosofía ni se han dedicado a la docencia pero han sido muy exitosas en sus profesiones precisamente en virtud de ello, por ejemplo, CEO de grandes corporaciones, como Carly Fiorina, empresaria y política estadounidense que ocupó el puesto de CEO de Hewlett-Packard; muy especialmente Sergio Marchionne, CEO del grupo automovilístico Fiat Chrysler Automobiles (FCA), que lo llevó de la quiebra al estrellato; Carl Icahn, CEO de la ya desaparecida TWA; Gerald Levin, CEO de Time Warner, y el archiconocido George Soros, financiero y conspirador declarado, doctor en filosofía por la London School of Economics y alumno de Karl Popper.

Por lo que respecta a empresas tecnológicas, tenemos entre los más destacados graduados en Filosofía a Larry Sanger, cofundador de Wikipedia; Reid Hoffman, cofundador de LinkedIn; Stewart Butterfield, cofundador de Flickr; Peter Thiel cofundador de PayPal, y a Patrick M. Byrne, CEO of Overstock.

Entre los líderes sociales y políticos encontramos a Martin Luther King, al papa Juan Pablo II, al exsecretario de Defensa Robert McNamara, a la activista Angela Davis, al ex primer ministro de Canadá, Pierre Trudeau, y a Václav Havel, expresidente de Checoslovaquia.

Hay también notables artistas, como el escritor superventas Ken Follett, el escritor y profesor Umberto Eco y los famosos actores Bruce Lee, Richard Gere, Harrison Ford o Susan Sarandon; y deportistas como Shaquille O'Neal, llamado *el Aristóteles negro* o *Larry Bird*. Una lista casi interminable de filósofos fueron premios nobel, como Henri Bergson o Russell, y muchos científicos estudiaron intensamente filosofía, como Herbert Simon, Nobel de economía; Albert Camus, Nobel de literatura; Anthony Leggett, nobel de física; Daniel Nathans, Nobel de medicina y Elie Wiesel Nobel de la paz.

A la luz de esta auténtica diseminación de la filosofía por todo tipo de oficios y disciplinas y de comprobar la gran utilidad que ha ofrecido a sus protagonistas, podemos constatar una vez más, desde otro punto de vista, su fascinante utilidad. Debemos desterrar definitivamente esa mitología que nos han trasmitido de la filosofía como algo separado de nuestras vidas y de nuestra actividad cotidiana que no está al alcance de cualquiera, el mito de que la filosofía no sirve para nada y no es accesible. Al final, ese marco mental que desincentiva la práctica de la filosofía no es una casualidad, sino que tiene el claro propósito de evitar el pensamiento crítico.

Puntos clave

- El primer síntoma del cambio de la filosofía que sale de su ámbito académico es que muchas personas exitosas del mundo de las organizaciones han estudiado filosofía.
- La riqueza de la filosofía radica en su interdisciplinaridad y en que no tiene un objeto de estudio definido, pues se basa en la transformación del sujeto, y de ahí a la transformación del mundo.

Preguntas y ejercicios

- Identifica ejemplos de personas que hayan estudiado filosofía y trabajan en otras cosas.
- Identifica ejemplos de personas que hayan estudiado filosofía y sean emprendedores.

4. Desarrollo de la filosofía de la empresa

> «Al perseguir el placer en exceso, procuran también lo que puede proporcionarles ese placer excesivo, y si no pueden procurárselo por medio de la crematística, lo intentan por otro medio, usando todas sus facultades de un modo antinatural; lo propio de la valentía no es producir dinero, sino confianza».
>
> Aristóteles. *Política,* 1258a

Los primeros filósofos gestores

Habitualmente pensamos que la filosofía no se ha ocupado nunca del mundo de la empresa, pero esto no es del todo cierto. La filosofía política, con sus teorías sobre el gobierno y el poder, sobre el liderazgo y los regímenes políticos, sin duda ofrece modelos perfectamente válidos para cualquier organización. Luego tenemos la filosofía del derecho, donde también se tratan temas empresariales, por ejemplo, sobre la propiedad y sobre el comercio. También está la filosofía de la economía, que quizás es la que más cerca ha estado del objeto de conocimiento que representa la empresa privada. Esta protoeconomía se convierte en ciencia y los estudios de empresa surgen de la subdivisión de las facultades de Economía en el siglo XIX. Todo esto forma una nebulosa de conocimientos que podríamos llamar *filosofía de la empresa.*

Hagamos un pequeño recorrido histórico para ver mejor esta evolución. El primer precedente que encontramos es el filósofo e historiador Jenofonte, quien escribió *El económico* según el estilo literario de la época, un diálogo socrático que trata de la economía doméstica y de la agricultura. Hay que entender que, al teorizar sobre la economía doméstica un patricio como Jenofonte, lo está haciendo sobre la economía privada, no pública; pero a diferencia de lo que ocurre hoy, no habla de las finanzas personales, sino de una casa rural con su explotación agrícola y ganadera. Por ello es un claro exponente de filosofía de empresa e inaugura una tradición de tratados de empresa y agricultura en la Antigüedad.

A Aristóteles se le conoce también por haber escrito *La económica,* aunque recientemente se atribuye a un alumno suyo, lo que no le quita autoría, pues podría haber sido dictada o inspirada por el estagirita. Aquí vemos por primera vez una consideración de la economía política o pública, a la que llama *economía de la ciudad,* pero también trata la *microeconomía* o *economía de empresa,* es decir, la practicada por el ciudadano en el ámbito personal y privado como empresario, que habla de propiedades, especialmente terrenos para la explotación agrícola, e incluso de las oportunidades de inversión o especulación.

Breve historia de la filosofía de la empresa

No solo en la Grecia clásica, sino también en la tradición latina de la Roma antigua, se sigue con esta tradición económica. Marco Porcio Catón, más conocido como Catón el Viejo, fue un político, escritor y militar romano que escribió un manual sobre cómo se debe dirigir una granja: *Sobre la agricultura.* Se trata de una colección de libros que recopilan los procedimientos y las normas para la cría de animales y la gestión de granjas ganaderas, incluyendo descripciones costumbristas sobre la vida rural de los campesinos itálicos. Catón dedica muchas páginas a la gestión de personal; podríamos decir que es el primer precedente de los recursos humanos, o más bien inhumanos, ya que se trataba de esclavos. Por ejemplo, habla del reclutamiento de trabajadores para la recogida de la oliva y de la organización por turnos puesto que sin tiempo de refresco los esclavos se agotaban y caía la producción. Incluso aconseja con muy buen criterio instrumental, aunque poco ético para nuestros ojos, vender a esclavos cuando enfermaban o envejecían. Por último, también encontramos las primeras charlas motivacionales, pues Catón proporciona a los granjeros discursos que les pueden servir. La obra tuvo tanto éxito que fue adoptada por muchos como un libro de texto.

Por otra parte, tenemos la evolución de la ingeniería y del cálculo, que en parte se remonta al antiguo Egipto, donde se establece la contabilidad de los activos agrícolas. Medidas de terrenos, libros contables y cálculos sobre las explotaciones son el complemento necesario a la gestión de las explotaciones agrícolas. Algunos de los siguientes tratados, como los de Columela, *De arboribus* y *De re rustica,* van en este sentido. Sin embargo, no será hasta Leonardo Fibonacci y Fray Luca Pacioli cuando encontremos una formalización contable propiamente dicha. Fibonacci escribió en 1202 los *Liber abaci,* donde presenta los cálculos que deben utilizarse en las transacciones comerciales y propone los números árabes en vez de los romanos. Asimismo, hay temas muy específicos, como las conversiones de moneda y cálculos de beneficio e interés. Posteriormente, en 1494, Pacioli publicó el *Tractatus de computis et scripturis,* donde definió por primera vez el libro contable de doble entrada con el debe y el haber, método usado por los mercaderes de Venecia que se difundió por toda Europa con el nombre de *método veneciano.*

Mención aparte merece Benedikt Kotruljević o Benedetto Cotrugli, comerciante, economista, científico, diplomático y humanista de la corte del Reino de Nápoles, quien escribió en 1458 el *Libro del arte del comercio.* Posteriomente, en 1707, encontramos la obra *El negociante,* de Giovanni Domenico Peri, tratado de contabilidad y técnicas comerciales que se considera el primer libro de texto empresarial en Italia.

No nos detendremos en los muy conocidos economistas clásicos, como Smith, Malthus, Ricardo o Marx, porque ofrecieron pocos ejemplos de empresa y se centraron en explicar cómo se producían los beneficios. Max Weber, en su obra *La ética protestante y el espíritu del capitalismo,* es el primero en relacionar la gestión empresarial con el origen de los beneficios en virtud de un tipo específico de organización influida por el protestantismo.

Jules Henri Fayol Le Maire, ingeniero y directivo de minas francés, desarrolló la teoría clásica de la administración de empresa conocida como *fayolismo* a partir de un artículo de 1916 que tuvo una enorme influencia: *Administración industrial y general.* Casi al mismo tiempo, Frederick Winslow Taylor, en su libro *The Principles of Scientific Management,* publicado en 1911, estableció los principios que sustentan la perspectiva científica de la administración de empresa dando un enfoque innovador a la organización del trabajo y a las responsabilidades de los directivos. El artículo de Ronald Coase *The Nature of the Firm,* de 1937, marcó una ruptura con el enfoque tradicional de la organización del trabajo. A partir de ahí, especialmente vinculadas a universidades, se desarrollan nuevas teorías de administración de empresas, como las de William Baumol (1959), Robin Marris (1964) y Oliver E. Williamson (1966).

Las primeras escuelas de negocios aparecieron en Europa en el siglo XVIII y se multiplicaron desde principios del XIX. Una de las primeras fue la Lisbon Business School, fundada en 1759. Otra de las pioneras fue la escuela de negocios de la Università Ca'Foscari en Italia en 1868, conocida como *Escuela de Negocios de Venecia.* Las escuelas de ingeniería en Europa, también a principios del siglo XIX, impartieron educación empresarial superior, como el Politécnico de Praga, desde 1806, y el Politécnico de Viena, desde 1815.

Especial importancia tuvo la ESCP Europe, fundada en París en octubre de 1819 con el nombre de *Escuela Especial de Comercio e Industria,* que sigue existiendo actualmente y ha inspirado el modelo que ha conformado las organizaciones de las escuelas de negocios contemporáneas. La fundó el famoso economista Jean-Baptiste Say, autor de varios tratados de economía política y de un manual de gestión de empresa, *Cours complet d'*économie politique pratique (1828-1829).

Desde entonces, la creación de escuelas de negocios se extendió por todas partes. En 1871 se fundó la Escuela de Negocios de

Normandía en Le Havre y en 1881 la Escuela de Estudios Superiores de Comercio en París. La primera escuela de negocios de EE. UU. fue la Wharton School, en Filadelfia. En 1898 se fundaron las primeras escuelas de negocios de Alemania (Handelshochschule Leipzig) y Suiza (Universidad de San Galo).

Las escuelas de negocios crearon currículos de materias heterogéneas útiles para la práctica empresarial: contabilidad, derecho, economía, finanzas, psicología del trabajo, sociología de las organizaciones, gestión comercial, etc., donde se excluyen las asignaturas de humanidades.

A la Escuela de Negocios Tuck se le atribuye el mérito de haber sido la primera en impartir un máster en Administración de Empresas (MBA), lo que tuvo un éxito fulgurante y fue copiado por todas las escuelas de negocios en todo el mundo. En 1943 la Escuela de Negocios Booth ofreció el primer MBA para ejecutivos.

De alguna manera, esta tradición de estudios de empresa surgió de la filosofía, y ahora se está recuperando la filosofía en este tipo de estudios. Hemos puesto el ejemplo de la Copenhagen Business School y su Master of Science in Business Administration and Philosophy, pero es una tendencia imparable.

Puntos clave

- La filosofía de empresa, los estudios de economía y administración de empresa tienen su origen en la filosofía clásica.
- Las instituciones de formación de ejecutivos han olvidado durante mucho tiempo la filosofía como disciplina integrante de su currículo, pero esto está empezando a cambiar.

Preguntas y ejercicios

- Haz una lista de las ramas de la filosofía.
- Haz una lista de las asignaturas de la administración de empresas.
- Mira los puntos de convergencia y divergencia existentes y reflexiona sobre los temas que según tu opinión deberían estar relacionados.

5. Filosofía y emprendimiento

> «Desde un punto de vista positivo, una *startup* es el mayor grupo de personas a las que puedes convencer para llevar a cabo el plan de construir un futuro diferente. La fortaleza más importante de toda compañía nueva es el pensamiento nuevo: por encima de la agilidad que comporta, mantener un tamaño pequeño ofrece espacio para pensar [...] porque eso es precisamente lo que una *startup* debe hacer: cuestionar las ideas recibidas y repensar el negocio desde cero».
>
> Thiel, P. *De cero a uno. Cómo inventar el futuro,* p. 9

No hay innovación sin filosofía

La filosofía de Nietzsche es emprendedora. En su obra *Así habló Zaratustra*, expone sus ideas principales a modo de discurso poético. Habla sobre cómo ser una persona que desarrolla su pleno potencial, lo que le lleva a considerar la vida como emprendimiento. Todos los principios vitales que cree necesarios coinciden con las cualidades humanas que ha de tener un emprendedor.

Se puede observar la relación de la filosofía con la empresa y en los períodos de la historia donde hubo una gran expansión económica. Un ejemplo es el Siglo de Oro ateniense, también llamado *Siglo de Oro de Pericles,* en la antigua Grecia (siglo V a. C.), período de esplendor para las artes y las ciencias y momento en el que nació la filosofía con Sócrates y también época de bienestar económico. No hay innovación sin pensamiento crítico capaz de anticiparse al futuro ni sin filosofía capaz de comprender el mapa completo de las posibilidades.

Este es un patrón que se repite en la historia. Hay ciudades que en ciertos núcleos históricos capitalizan una efervescencia emprendedora en los negocios y en lo intelectual. Se trata de períodos de tolerancia y libertad donde se desarrollan las relaciones entre disciplinas diferentes, entre países lejanos y entre áreas de negocio distintas. Son épocas históricas concentradas en pocas áreas geográficas donde hay una explosión innovadora en todos los aspectos, una auténtica revolución cultural, y donde los gobiernos ayudan a toda esa transformación.

El Siglo de Oro neerlandés (siglo XVII) es otra de estas anomalías paradigmáticas. Holanda se convirtió en la primera potencia comercial del mundo. Fue un tiempo de liberalismo económico y cultural. Se crearon el primer banco central del mundo, el Banco de Ámsterdam, y la mayor corporación capitalista, la Compañía Neerlandesa de las Indias Orientales. Filósofos importantes como Spinoza, Descartes y Locke desarrollaron parte de su actividad allí gracias al ambiente de tolerancia y apertura intelectual, no solo en el ámbito político, sino religioso. En Holanda se desarrolló el movimiento de la Ilustración como ideología de la burguesía, si bien resultó más popular en otros países, como Francia, basada en el saber y en la razón. También hubo un importante desarrollo no solo comercial, sino tecnológico, y vieron la luz nuevos inventos, como el telescopio, el microscopio y el termómetro. El libro y la prensa, a través de la gran proliferación de imprentas, se convirtieron en un poderoso instrumento de diseminación de ideas nuevas y de creación de una opinión pública formada. El arte floreció en todas sus disciplinas y pintores como Vermeer o Rembrandt reflejaron la transformación que tuvo lugar.

No hay filosofía sin innovación

La filosofía es una disciplina que vive en la incertidumbre y que se dedica siempre a decir algo nuevo. No puede entenderse la innovación hoy sin filosofía. Actualmente, entre los diversos *hubs* de innovación existentes en el mundo, el más emblemático y paradigmático es sin duda Silicon Valley. No solo la interacción intelectual entre diversas disciplinas tecnológicas y humanistas está siendo clave, sino que además la filosofía tiene un lugar muy importante. Hans Ulrich Gumbrecht lo explica en profundidad en su muy recomendable libro *El espíritu del mundo en Silicon Valley. Vivir y pensar el futuro*. El trasfondo de transformación contracultural que tuvo lugar en California con la *beat generation* y el movimiento *hippie* se acabó disolviendo, pero quedó en la mentalidad de una generación. Steve Jobs es el perfecto heredero de esa cultura, que llevó al mundo del emprendimiento con gran éxito. La importancia de conjugar ingeniería con arte, tecnología con innovación y capital riesgo con instituciones del saber como la Universidad de Standford, en un ambiente liberal y tolerante, han hecho de Silicon Valley el centro de las más importantes *startups* durante varias décadas.

> **LA IMPORTANCIA DE CONJUGAR INGENIERÍA CON ARTE, TECNOLOGÍA CON INNOVACIÓN Y CAPITAL RIESGO CON INSTITUCIONES DEL SABER COMO LA UNIVERSIDAD DE STANDFORD EN UN AMBIENTE LIBERAL Y TOLERANTE HAN HECHO DE SILICON VALLEY EL CENTRO DE LAS MÁS IMPORTANTES *STARTUPS***

Hoy Beijing está asumiendo un nuevo liderazgo entre los *hubs* de innovación. En algunas ciudades chinas se ha permitido establecer ecosistemas emprendedores salvajes, con una altísima mortalidad de empresas, dejados fuera de la planificación central, que crean empresas tecnológicas con innovaciones en los campos más punteros, como la computación cuántica, la IA y las telecomunicaciones 5G. Indicadores de primer nivel mundial sitúan a China con el mayor número de patentes, de publicaciones de bibliografía científica y de graduados en ciencia, tecnología, ingeniería y matemáticas (STEM, por su siglas en inglés) y, por supuesto, con el mayor gasto en I+D, aunque allí la deuda de saber filosófico es más que evidente, pues sin libertad solo gana el poder.

Podemos encontrar algunos ejemplos curiosos de filósofos emprendedores, como el de Blaise Pascal, quien en 1640, gracias a que su padre fue nombrado comisario real y responsable de la recaudación de impuestos para Normandía, inventó en 1642 para él la rueda de Pascal *(roue pascaline),* más conocida como *pascalina,* considerada una de las calculadoras más antiguas. Inicialmente solo permitía realizar sumas, pero posteriormente añadió mejoras y al final fue capaz de hacer restas. Pascal la patentó, pero no consiguió hacerse rico comercializando su invento a través de su empresa, pues las máquinas, fabricadas a mano, eran demasiado costosas y difícilmente podían producirse en grandes cantidades. Solo fabricó cincuenta, de las que únicamente nueve han llegado hasta nuestros días.

Puntos clave

- La filosofía se desarrolla especialmente en los momentos de la historia donde hay más libertad económica y de pensamiento.
- Emprendimiento y pensamiento coinciden en diversos momentos innovadores de la historia y están estrechamente relacionados.
- Actualmente esta conjunción de pensamiento y emprendimiento innovador se constata en Silicon Valley.

Preguntas y ejercicios

- Piensa en cuáles son las habilidades personales e intelectuales de un filósofo y haz una lista.
- Piensa en cuáles son las habilidades personales e intelectuales de un emprendedor y haz una lista.
- Compara las dos listas y busca coincidencias.

6. La filosofía como emprendimiento

> «El fin que nos proponemos en nuestra empresa debe ser una admiración contraria, si puedo decirlo así, a la que provocan las primeras indagaciones en toda ciencia (...) lo mejor está al fin, como dice el proverbio. A este mejor, en los objetos de que se trata, se llega por el conocimiento, porque nada causaría más asombro a un geómetra que ver que la relación del diámetro con la circunferencia se hacía conmensurable[1]».
>
> Aristóteles. *Metafísica,* I, II, p. 17

La empresa de la filosofía

La filosofía es el emprendimiento del pensamiento, como hemos entendido a partir de una cita marginal de Kant. Si el pensamiento crítico constituye una herramienta para razonar correctamente y

1. El número Pi tiene infinitos decimales y no es conmensurable como una fracción que tiene decimales finitos.

tomar decisiones, la filosofía resulta algo más ambicioso: es utilizar el pensamiento crítico y la tradición filosófica para buscar respuestas a los grandes problemas humanos haciendo las preguntas adecuadas. La filosofía supone un emprendimiento intelectual para construir teorías sobre la realidad, cualesquiera que sean, a partir de los materiales que nos dan la ciencia y la misma filosofía. La filosofía analiza y propone, deconstruye y reconstruye, es la empresa del saber. Como actividad tiene mucho en común con el proceso de innovación y el desarrollo de un negocio. Eso no significa que la filosofía se haga con ánimo de lucro; lo que pretende es hacer ver que la actividad filosófica tiene un estrecho parentesco con el emprendimiento. Así, de igual modo que en este se detecta una oportunidad de mercado a través de una nueva idea o al analizar algo que falta a los consumidores para luego desarrollar una solución de mercado con el objetivo de obtener un beneficio económico, en filosofía se cuestiona algún tema al que se propone una solución teórica y se intenta obtener una ganancia en comprensión. No son procesos tan diferentes. Se necesita cierta capacidad de riesgo, la virtud de ir contracorriente y una resiliencia desarrollada, como en el emprendimiento. En la era de la información y de la IA, nunca un emprendedor y un filósofo habían estado más cerca en sus marcos mentales, pero es algo que llevamos viendo en la historia de la filosofía.

Galileo, emprendedor de la ciencia

Una época donde esto nos queda muy claro es durante el Renacimiento en la llamada *revolución científica,* que parte de la filosofía de la naturaleza. Entonces encontramos a muchos filósofos protocientíficos, como Kepler, Copérnico o Galileo, quienes con la observación y el cálculo proponen soluciones astronómicas revolucionarias respecto al paradigma tolemaico reinante. Copérnico, en su obra póstuma *De revolutionibus orbium coelestium,* de 1543, propuso el modelo astronómico donde sitúa el Sol en el centro del universo conocido, que era el sistema solar. Kepler, en su *Astronomia nova,* de 1609, planteó que las órbitas de los planetas en vez de ser circulares eran elípticas. Por su parte, Galileo siguió a Kepler y a Copérnico aportando pruebas empíricas y estableció las bases del método científico utilizando tanto la inducción como la deducción, la experimentación y la recogida de datos empíricos, mediante instrumentos como el telescopio, que él mismo perfeccionó. Entre sus múltiples aportaciones a la ciencia se encuentra la primera ley del movimiento, que posteriormente desarrolló Newton. Galileo debió ver con espanto cómo el filósofo Giordano Bruno, autor de una interesantísima cosmología donde describía un universo ilimitado e infinito sin centro compuesto por mundos infinitos donde tampoco la Tierra y el Sol tenían preeminencia, fue condenado por la Iglesia y quemado vivo. A pesar de la prudencia de Galileo, se le acusó igualmente de subvertir la filosofía oficial aristotélica y las Sagradas Escrituras. Fue juzgado y condenado por el Santo Oficio y, aunque esquivó la hoguera, se le obligó a abjurar de sus concepciones astronómicas. No cabe duda de que Galileo fue una persona clave en la revolución científica y su obra, una auténtica empresa intelectual fruto del análisis y el razonamiento en busca de soluciones que ayudasen a comprender las leyes de la naturaleza. Una mezcla de creatividad y matemáticas le permitió emprender sus soluciones teóricas, con las que asumió riesgos muy importantes.

La palabra *empresa* deriva del latín *imprendere* y del italiano *impresa,* que significa «iniciar algo», lo que en inglés llamamos hoy *startup.* Como se ve, tiene todo el sentido considerar a Galileo un emprendedor al ser el iniciador de la ciencia moderna. En ejemplos como este es donde vemos que no hay empresa exitosa sin un balance entre el poder y el saber.

Puntos clave

- La relación entre emprendimiento y filosofía es tan evidente que no se puede realizar un proyecto intelectual del calibre de un sistema filosófico sin ser un emprendedor teórico.
- La filosofía es ya un emprendimiento en sí mismo.
- La filosofía es una actividad que comporta un riesgo, como el emprendimiento.

Preguntas y ejercicios

- ¿Cuáles son las corrientes filosóficas más atractivas para ti? Explica por qué por escrito.
- Intenta proponer una perspectiva filosófica para definir la misión o visión de tu empresa.

4
LA FILOSOFÍA EJECUTIVA

«El ejercicio del poder crea perpetuamente saber e inversamente el saber conlleva efectos de poder. El mandarinato universitario no es más que su forma más visible, la más esclerotizada, y la menos peligrosa de esta evidencia».

Foucault, M. *Microfísica del poder,* p. 99

1. La torre de marfil de la filosofía

El filósofo, rey de su reino académico

Si uno busca en Google Books *Introducción a la filosofía,* aparecerán unas doscientas mil referencias. El resultado del ensimismamiento de la filosofía se centra en que su principal preocupación no es su aplicación al mundo real, sino ahondar en una filosofía de la filosofía, solo apta para filósofos profesionales. El filósofo José Gaos advertía que, para no acabar hablando de sí misma, sería tolerable que en una obra hubiera solo un último capítulo dedicado a explicar qué es filosofía.

Hemos visto anteriormente cómo la filosofía siempre se ha enseñado en instituciones del saber desde la antigua Grecia. Ha ido evolucionando desde un saber muy general, donde cabían todas las ciencias que poco a poco se han ido independizando de ella, hasta otro cada vez más centrado en sí mismo, en unas pocas ramas y en la metafísica en especial. Hemos podido ver con el nacimiento de las universidades cómo esa filosofía que primero es transversal a los estudios posteriormente se aísla en una facultad propia y desaparece de otras facultades. La especialización de la filosofía la separa del debate social. El filósofo se convierte en rey, pero no como gobernante de la sociedad, tal y como nos proponía la utopía platónica, sino como rey de su reino, del triste y diminuto reino de su institución de saber.

Tan solo Marx rompió este reino elitista de los profesores ensimismados en sus diatribas conceptuales aisladas del mundo para convertirla en política, en filosofía práctica, en praxis, y ponerla en el centro del debate político. Como afirma en su XI Tesis sobre Feuerbach: «Los filósofos no han hecho más que interpretar de diversos modos el mundo, pero de lo que se trata es de transformarlo».

La victoria de la filosofía

En este periplo, Hegel marcó un antes y un después. Profesor de universidad, tuvo gran éxito durante su vida. Sabemos que su visión del mundo era historicista, y fue el primero en establecer una historia de la filosofía. Para él la filosofía era su historia. Mientras en el mundo universitario anglosajón ha primado la filosofía analítica (lógica, filosofía del lenguaje y crítica literaria), en el europeo se ha establecido la historia de la filosofía como el estándar de enseñanza. Hegel fue el encargado de realizar ese cambio de una manera profunda y definitiva. La filosofía solo se puede entender como una evolución histórica de conceptos, como una sucesión extensa de autores y de corrientes que ha permanecido prácticamente intacta hasta la actualidad. El cambio radical de Hegel no acaba aquí. La historia de la humanidad progresa gracias al saber hasta su forma más desarrollada que es la filosofía. Esto representa la victoria de la filosofía respecto a las demás disciplinas del saber.

Hasta ahora los filósofos no solo se han dedicado a interpretar la realidad, como dicen las tesis sobre Feuerbach, sino a explicar cómo la han interpretado. Los filósofos se han encargado de enseñar filosofía a estudiantes de filosofía para que algún día sean profesores de filosofía. Y esa endogamia ha mantenido la filosofía en una torre de marfil de la que ahora empieza a salir. La gente de a pie, los empresarios y los directivos así lo han percibido, y por eso la han rechazado de pleno, excepto por pura curiosidad intelectual.

Actualmente existen diversos cambios sociales que empujan a la filosofía a bajar de su torre de marfil y a pisar la calle. Como hemos dicho repetidamente, la filosofía se está abriendo, y eso resulta extremadamente positivo porque su potencial es enorme, ya que aún puede generar nuevos saberes y, además, ayudar mucho en el ámbito de la empresa, como veremos a continuación.

Puntos clave

- La filosofía se encerró en sí misma cuando se convirtió exclusivamente en una
- facultad apta solo para enseñar a futuros alumnos de filosofía y dejó de ser esa disciplina transversal del saber que siempre había sido.
- Esta situación está cambiando en la actualidad.

Preguntas y ejercicios

- Detecta a profesores de filosofía o tertulianos en la televisión que no te aportan nada.
- Busca ejemplos de personas, sean o no filósofos, que te aportan puntos de vista enriquecedores.

2. La nueva filosofía práctica

> «En el interés tardío de Derrida [...] puede reconocerse que asumió la necesidad de nuevas alianzas de la filosofía con la "no filosofía" [...]. Me parece que en esta dirección deberíamos seguir hoy [...]. La amplia crisis mundial de nuestros días habría de empujar a los filósofos, que se habían ocultado en el regazo de las universidades, a abandonar su escondite. Hemos de volver

a las calles y plazas, a las *pages littéraires* y a las pantallas, a las escuelas y a los festivales populares, para que nuestro gremio, el más divertido y más melancólico del mundo, recobre la importancia que, bien hechas las cosas, le corresponde también en los campos de la vida no académica».

SLOTERDIJK, P. *¿Qué sucedió en el siglo XX?,* 2018, pp. 113-114

La consolación de la filosofía

La necesidad ancestral de buscar un consuelo vital ha encontrado en la filosofía una de sus mejores opciones. Desde la obra *De consolatione Philosophiae (La consolación de la filosofía)* de 524 d. C. del filósofo de la Roma antigua Boecio, la filosofía ha provisto un mecanismo idóneo para hacerse las preguntas esenciales que atormentan al espíritu humano e intentar contestarlas. Lo de *consolación* no debe entenderse como el premio de los perdedores, sino como el consejero espiritual que nos da la tranquilidad interior, como un camino de salvación interior que nos conduce a la sabiduría. En la obra de Boecio, Filosofía es un personaje femenino con el que dialoga. Boecio proclamó que la virtud y la ética son las únicas cosas que tienen las personas porque todo lo demás, como las pasiones, está sujeto a los vaivenes de la vida. Los consejos filosóficos permiten desarrollar la virtud de las personas.

Recientemente, Alain de Botton en su libro *Las consolaciones de la filosofía,* se ha sumado a esta tradición filosófica. Este superventas se enmarca en lo que llamamos *filosofía práctica,* ese conjunto de propuestas que intentan plantear acercamientos útiles y prácticos de la filosofía en el mundo actual. De Botton ha procurado mostrar cómo la filosofía puede ser útil en la vida cotidiana y, después de su éxito editorial, fundó la empresa de formación *The School of Life,* donde se ofrecen servicios terapéuticos para personas y grupos, así como cursos para empresas. La organización está basada en ocho curiosos principios: a) acepta la imperfección, b) vulnerabilidad compartida, c) conoce tu locura, d) acepta tu idiotez, e) eres suficientemente bueno, f) supera el romanticismo, g) desespera con alegría y h) trasciéndete a ti mismo. La filosofía terapéutica permite ir más allá de la psicología y del *coaching* y está destinada a cualquier persona, que no es necesario que tenga un problema vital o psicológico. Además, resulta independiente de si es capaz de gestionar sus objetivos y conseguirlos. La filosofía ofrece una ayuda adicional.

¿Qué me pasa, doctor (en Filosofía)?

Peter Koestenbaum, de la Universidad de San José, en EE. UU., fue un precursor del *counseling* filosófico, que podríamos traducir como «asesoramiento filosófico», «*coaching* filosófico» o «consejería». En su libro *The New Image of the Person: The Theory and Practice of Clinical Philosophy,* de 1978, explica qué contribuciones filosóficas se pueden utilizar para realizar un *counseling* filosófico práctico. Su obra ha hecho escuela y ha formado a muchos consejeros.

Sin embargo, fue en Europa donde se estableció la primera asociación de consejería y práctica filosófica con la Sociedad Alemana para la Práctica y Consejería Filosófica, fundada en 1982 por el filósofo alemán Gerd B. Achenbach, autor de *Philosophische Praxis* (1984). Esta institución nació con el claro propósito de ser una alternativa a la psicoterapia. Sin embargo, el *counseling* filosófico ha calado mucho más en EE. UU.

La primera asociación de consejería y práctica filosófica estadounidense es la Asociación Nacional de Consejería Filosófica (NPCA), fundada en 1992 por tres filósofos estadounidenses: Elliot D. Cohen, Paul Sharkey y Thomas Magnell. Ofrece un certificado en Terapia Basada en Lógica (LBT) a través del Instituto de Pensamiento Crítico. Existen certificados en los que se exige el grado de Filosofía y en otros además se necesita el de terapeuta. También merece mencionarse la Asociación Americana de Filósofos Prácticos (APPA), fundada en 1998 por el profesor Lou Marinoff, autor del célebre *Más Platón y menos Prozac,* de 1999. Como dice Marinoff en su libro citando a un amigo suyo, el asesoramiento filosófico es «una terapia para cuerdos». Siguiendo la tradición filosófica de la preocupación por uno mismo y de la cura espiritual, la tesis de Marinoff afirma que no todas las terapias pueden resolver los problemas de la gente si además no se piensa. Así, no se puede reducir la angustia vital sin pensar, no basta con hacer cambiar hábitos o tomar pastillas; es necesario haber razonado y haberse convencido con argumentos de los cambios que necesitamos hacer. Marinoff realiza una crítica feroz al abuso de la psiquiatría americana, en parte como heredero del movimiento de antipsiquiatría, por considerar cada vez más conductas no problemáticas como patológicas y por su excesiva pasión por la medicalización.

La realidad es que la filosofía ejecutiva suele estar basada en el diálogo de tipo socrático, inspirado en el *coaching* como herramienta para el crecimiento personal y para la resolución de problemas vitales. El núcleo de la filosofía ejecutiva es el pensamiento crítico, especialmente en las corrientes anglosajonas. Richard Paul, autor de innumerables libros sobre la materia, es el fundador de The Foundation for Critical Thinking, uno de los grandes centros impulsores de esta disciplina filosófica.

Con su obra *How we think,* de 1910, el filósofo estadounidense John Dewey fue el primero en intentar formalizar unas reglas universales del pensamiento extrayéndolas de la filosofía. A partir de entonces, se estableció una disciplina independiente de la filosofía y eminentemente práctica llamada *pensamiento crítico* con la que se podía formar a cualquier persona y mejorar sus capacidades naturales de pensamiento. El pensamiento crítico requiere aprendizaje, entrenamiento y actitud y sirve para anticiparse a los problemas buscando soluciones racionales. Su fundamento reside en la lógica formal y se puede resumir en tres pasos: a) validar los supuestos, b) valorar los argumentos y c) extraer conclusiones. Si quieres profundizar más en este tema, puedes leer mi libro *Aprende a pensar como un gurú. Las 10 fuerzas del pensamiento crítico,* de LID Editorial.

Mientras el pensamiento crítico es un subconjunto de la filosofía, un sistema para razonar, concretamente, una parte de la lógica, la filosofía, cultiva muchas más especialidades como son la metafísica, la epistemología, la ética, la filosofía política y la filosofía del lenguaje, que le sirven para formar teorías sobre nuestro mundo.

Si el pensamiento crítico es como conducir un coche, algo táctico que sirve para tomar buenas decisiones, la filosofía sirve para saber qué carreteras hay en el mapa o cuáles se pueden hacer, algo muy estratégico que sirve para ganar perspectiva, o sea, capacidad de comprensión.

La filosofía no solo desarrolla nuestro espíritu crítico y la capacidad de perspectiva, sino que además nos enseña a hacernos las preguntas correctas y a tener diversos puntos de vista a la hora de evaluar una situación.

Puntos clave

- Más allá de las versiones prácticas de la filosofía, como la política o la ética, en los últimos decenios han surgido diversas evoluciones de una filosofía terapéutica y de un asesoramiento filosófico que han tenido relativo éxito.
- Estas filosofías abren el horizonte de una filosofía ejecutiva para la empresa.

Preguntas y ejercicios

- Busca tener alguna sesión con un filósofo asesor y reflexiona sobre la utilidad de la experiencia.
- ¿Qué deberías hacer para formarte hasta tal punto de ser capaz de ayudar a otros a filosofar?

3. Digitalización y filosofía

> «La conciencia feliz —o sea, la creencia de que lo real es racional y el sistema social establecido produce bienes— refleja un nuevo conformismo que se presenta como una faceta de la racionalidad tecnológica y se traduce en una forma de conducta social».
>
> Marcuse, H. *El hombre unidimensional,* p. 114

El ser digital

Según coinciden diversos estudios de prospectiva, algunos de los puestos de trabajo que no serán sustituidos por la automatización de la IA son los de CEO y los de directivos en general, pero también los de filósofos o los de aquella función de la filosofía ejecutiva y del pensamiento crítico como única línea de defensa de la humanidad. De hoy hacia el futuro, la dirección de empresas, la filosofía y el futuro de la humanidad son inseparables.

La digitalización de la sociedad es un fenómeno plenamente establecido, pero en constante y rápida evolución. Ya lo dijo hace años

Nicholas Negroponte: «La transformación de átomos a bits es irrevocable e imparable». El ser digital está aquí. ¿Deberíamos hablar entonces de una *metafísica digital*? ¿Hay un ser analógico y un ser digital? Este es alguno de los dilemas que nos asaltan con la actual transformación.

No solo la estructura productiva del mundo se ha transformado enormemente gracias a la automatización de procesos mediante la utilización ubicua de ordenadores, sino que incluso la estructura comunicativa del mundo ha cambiado radicalmente al pasar de los medios de comunicación de masas a los medios digitales personalizados en las redes sociales. La opinión pública ya no es el monolito que era, sino una multiplicidad capilar de discursos.

La digitalización ha transformado la lectura y la escritura. Se leen textos más cortos y el vocabulario se ha reducido enormemente, aunque hay una gran cantidad de neologismos y anglicanismos. La lectura se ha vuelto aleatoria. En Twitter no tenemos ninguna garantía de que alguien vea nuestros textos. Por no hablar de los algoritmos, que deciden por nosotros qué es lo que nos interesa. La lectura es fragmentaria, dirigida y aleatoria.

La inflación de la información ha crecido en proporciones gigantes, hay que estar seleccionando entre millones de fuentes. Y distraerse es lo más fácil del mundo, ya no solo por los contenidos pagados, sino porque se cruzan temas que nos interesan y solamente estamos a un clic de saber lo que pasa. El contenido audiovisual es el preferido, con lo que la escritura tradicional ha bajado enteros. Los textos han tenido que reconvertirse y parecen eslóganes publicitarios: incompletos, agresivos, contundentes o absurdos, cualquier estrategia es válida para captar la atención tan disputada del lector medio.

Escribir se ha vuelto una actividad compleja y sofisticada, pero no tanto por la calidad literaria como porque se ha convertido en una actividad muy técnica. Hay que tener en cuenta el SEO, cuáles serán las palabras clave con las que queremos que encuentren nuestro contenido a través de los buscadores —todos sabemos que este plural es un eufemismo—, aunque quizás no podamos, ya que sobre ciertos términos recaen inversiones publicitarias mastodónticas y será imposible asomar la cabeza. Pero no solo eso; luego todo texto publicado en Internet se mide con unos indicadores clave, como impresiones recibidas, clics, tasa de rebote, *backlinks*, *likes*, textos compartidos, comentarios y el gran tirano del CTR (ratio de clics). Uno es consciente de que muchos de los grandes artículos periodísticos de la galaxia Gutenberg preinternet serían rechazados hoy por cualquier avezado jefe de contenidos. Nuestras grandes plumas serían borradas de un plumazo.

Las relaciones entre un escritor y su audiencia han cambiado definitivamente. El escritor impenitente, indiferente a la audiencia, por no decir al mercado, ensimismado en su palabrería, no podría sobrevivir al universo de la marca personal y de los selfis. Actualmente el lector manda y el escritor obedece o muere. Hay que ser receptivo para resultar relevante y que una montaña de clics nos permita mantener la clasificación otro día más.

La etiqueta #filosofía

La filosofía y el pensamiento se han tenido que adaptar a la digitalización de la escritura. Y eso ha sido muy positivo porque ha obligado a la filosofía a salir del aula, a conquistar nuevos territorios y a reconquistar lugares perdidos, donde siempre estuvo como el ágora (la plaza), una metáfora de la opinión pública.

Especialmente los profesores de instituto, en su ardua tarea de inculcar el indigerible y despótico currículo de las asignaturas de filosofía a sus alumnos, se han acercado a los medios digitales: filosofía compartida en Twitter o FAQ de la asignatura en WhatsApp. También tenemos a ilustres y espabilados alumnos haciendo de *youtubers* que explican la filosofía como un *twitch* de videojuegos. Sí, la filosofía se está *memezando* —horrible palabro—. Hay un meme que me encanta: se ve el retrato de Kant y el texto dice «*I want to stop philosophizing but I Kant*» («Quiero dejar de filosofar, pero no puedo», con «*I can't*» escrito como «*I Kant*»). Es gracioso. Al menos nos hace recordar a Kant y no a Messi. Hay en Instagram filósofos que en dos minutos reflexionan sobre la vida cotidiana mientras se preparan una taza de café. También existen estupendos pódcasts donde no solo hay entrevistas, sino intensos debates filosóficos, incluso de cuestiones no filosóficas. Las charlas TED *Talks* son de alguna manera un formato de discurso filosófico sobre un tema muy específico. Y en este entorno de la sociedad del espectáculo personajes filosóficos histriónicos como Slavoj Žižek, de discutible calidad y con una posición política de populista ilustrado, tienen un éxito inmerecido. La gente hace cola para comprar su última obra como si se tratara de un nuevo libro de *Harry Potter*. Pero eso es magnífico para la filosofía. O esos debates con Yanis Varoufakis donde a Žižek apenas se le entiende porque ni habla bien inglés ni vocaliza y encadena argumentos efectistas tan solo para sorprender al público. En cualquier caso, debemos celebrarlo.

Los debates en Twitter son más cruentos. No existe la tolerancia de las disputas medievales; es una lucha sin cuartel, a veces compitiendo con *trolls* o *bots* en neta desventaja, pero es un espacio donde hay que estar.

La conclusión es que la filosofía en la época digital se está adaptando a diferentes audiencias y a diversos medios, lo que a su vez transforma la filosofía académica tradicional. Muchos jóvenes empujan un movimiento de *influencers* filosóficos con breves charlas filosóficas por TikTok o Instagram Reels o más reflexivas por YouTube o en Medium. Mientras la filosofía no se quede en una simple etiqueta, este resulta un movimiento muy positivo. Quién iba a pensar que íbamos a tener al gran filósofo español Gustavo Bueno, llamado con todo el cariño del mundo *el Paco Martínez Soria de la filosofía,* en YouTube, canal fgbuenotv, a través de su fundación. O a Antonio Escohotado. O a poder disfrutar de los seminarios de Antonio Lastra en el Ateneo Mercantil de Valencia. Todos esos vídeos hoy pueden llegar a cualquiera.

La convergencia entre digitalización y la nueva filosofía práctica que hemos visto en el capítulo anterior acerca de una manera inédita la filosofía al mundo de la empresa. Para poder aprovechar el potencial de la filosofía en la empresa, para establecer una filosofía para directivos, ha sido necesario derribar diversos mitos atascados en la memoria colectiva sobre los filósofos y la filosofía, pero, una vez liberados de ellos, una nueva y útil filosofía ejecutiva se convierte en posible.

Puntos clave

- Los medios digitales han revolucionado el mundo en general y el de la filosofía en particular.
- La filosofía se está adaptando a nuevas formas de lectura y escritura para desarrollar el pensamiento y empieza a popularizarse como una actividad digital más para todos y para todo.

Preguntas y ejercicios

- Recoge tuits que te parezcan especialmente carentes de reflexividad.
- Haz una lista de tuits que te hayan provocado alguna reflexión.
- Mira los perfiles de ambos y compara las diferencias.

4. La filosofía ejecutiva y sus principios

> «Lo que un filósofo es, eso resulta difícil de aprender, pues no se puede enseñar: hay que "saberlo" por experiencia —o se debe tener el orgullo de no saberlo—».
>
> NIETZSCHE, F. *Más allá del bien y del mal,* 213, p. 158

El anti-MBA

Henry Mintzberg, profesor de la Universidad McGill, en Montreal, publicó en 2004 el libro *Managers Not MBAs*, donde realiza una feroz crítica al método del caso de uso y propone una alternativa enfocada en el directivo y no en el conocimiento. En su escuela de negocios IMPM, en vez de aceptar a alumnos entre veinte y treinta años con escasa experiencia empresarial, requiere que los candidatos tengan al menos diez años de experiencia contrastada en gestión. En lugar de enfocarse en habilidades funcionales típicas de los MBA, el programa se dedica a lo que llama *mentalidades de gestión* y a compartir experiencias. Este es el embrión de la importancia de la filosofía para la dirección de empresas. Lo importante no son los conocimientos, sino su uso, lo que somos capaces de hacer con ellos, y para ello la cualidad humana, la perspectiva que somos capaces de alcanzar, resulta crucial.

El movimiento de la filosofía práctica de la filosofía se está aproximando positivamente a la sociedad con diversas alternativas y es una tendencia inexorable, pero estas corrientes inciden en la figura del filósofo-consejero utilizando el diálogo socrático o el *coaching* ontológico como herramienta.

Lo que yo propongo, en cambio, es una filosofía ejecutiva, una filosofía práctica para enseñar a filosofar a los ejecutivos para que sean ellos mismos, sin ayuda alguna de consejeros, quienes puedan solucionar sus problemas empresariales acudiendo a los principios filosóficos y a los métodos individuales de la filosofía, como la reflexión, la intuición, la duda, la crítica o el saber hacer preguntas, así como también a los métodos grupales, como la disputa dialéctica, mediante la cual ganar perspectiva y construir soluciones comunes dialogando con otras personas relevantes. De esta manera, el directivo es autosuficiente y utiliza la filosofía para el incremento del saber empresarial, para amortizar esa deuda del saber organizacional respecto al poder.

La filosofía ejecutiva no es una filosofía regional ni tiene como objeto la empresa ni al directivo y tampoco cuenta con un método destacado ni se identifica con ninguna filosofía práctica; es una manera de desarrollar el filosofar en los directivos. La filosofía ejecutiva, al menos la que aquí propongo, es la practicada por los ejecutivos, quienes han aprendido y practicado filosofía con nuestro sistema o con otro equivalente. De alguna manera, la filosofía ejecutiva no existe en sí misma, pero sí como producto de los directivos que han asumido en sus habilidades la de pensar más allá del pensamiento crítico con sus capacidades filosóficas. No olvidemos que *filosofía,* palabra jamás traducida y sin sinónimos, más que historia de la filosofía, es todo aquel pensamiento que conduce de una manera positiva a la consecución de la sabiduría, y a este lo constituyen un compendio de conocimientos teórico-prácticos sofisticados y un importante desarrollo de habilidades emocionales y cognitivas avanzadas.

Del filósofo residente al directivo filósofo

La gran mayoría de los directivos son personas extraordinariamente capaces que bien entrenados no tienen por qué necesitar a un asesor permanente o *filósofo residente (in house philosopher),* como ha hecho Google con Damon Horowitz para echarlo a los pocos meses. También Skype contrató a Andrew Taggart como asesor filosófico permanente. El directivo tiene que interiorizar la filosofía, pues esta no emana en la organización de ese rol único de un *Chief Philosophy Officer* (CPO) como puesto ornamental no ejecutivo que trata temáticas apasionantes y hace informes no vinculantes y discursos significativos. Esta moda del CPO tiene la virtud de poner en el centro el tema de la utilidad de la filosofía en la empresa, pero la filosofía de la empresa no es la de los consejeros filosóficos; es o debe ser la de los líderes sabios capaces de filosofar. Y puede haber varios. Lo importante es que en Silicon Valley y en el mundo de la innovación y de las *startups* se ha abierto la veda sobre cómo aprovecharse de la filosofía. Resulta muy importante que la revista *Forbes* se haya ocupado del tema con el artículo *Why Your Board Needs A Chief Philosophy Officer (Por qué su consejo necesita un director de Filosofía),* de marzo de 2018.

La CEO de Tinder, Renate Nyborg, graduada en Filosofía, afirmó en una entrevista a la revista *Fortune* en marzo de 2022 por qué justifica la necesidad de los CPO: «Realmente creo que la filosofía es una de las mejores bases que se pueden tener en tecnología actualmente. La tecnología, al final, está resolviendo problemas, a escala y para la sociedad. Lo que te da la filosofía es una base y un proceso riguroso para responder a preguntas que no tienen una respuesta correcta o incorrecta. A veces pienso que toda empresa debería tener un filósofo principal *(Chief Philosophy Officer)*».

Recientemente James Lynden, *Senior User Researcher* en Spotify, publicó en noviembre de 2019 una entrada en su blog de Medium titulada *Chief Philosophy Officer —A Job Description,* una propuesta de lo que podría ser una oferta de trabajo:

«Responsabilidades:

- Asegurarse de que los fundamentos conceptuales de las decisiones clave sean sólidos, trabajando como un consejero estratégico para el equipo directivo.

- Analizar las implicaciones éticas y sociales de las decisiones, aplicando marcos éticos y guiando equipos.
- Tutelar los valores y el propósito de la empresa, trabajando en estrecha colaboración con Marketing y Recursos Humanos para garantizar la alineación.
- Entrenar a empleados de toda la organización en cuanto a prácticas y modelos de toma de decisiones.
- Conectarse externamente con instituciones académicas y de investigación y representar a nuestra organización en conferencias y eventos.
- Proporcionar contenido de liderazgo intelectual a nuestro departamento de relaciones públicas, manteniendo a la organización alerta sobre temas y debates clave.
- Apoyar a nuestro equipo de investigación en la identificación de escenarios futuros y macrotendencias».

Sin duda, parece un puesto atractivo con funciones muy nobles, pero esto es así por la novedad. Sin embargo, lo que se necesita es que todas esas funciones estén introyectadas en la mentalidad y en las habilidades de los directivos. La filosofía ejecutiva es individual.

La filosofía ejecutiva no es una filosofía de empresa ni una filosofía para la empresa, sino más bien lo contrario: es la empresa de la filosofía. Amigo filósofo, no le digas a los directivos lo que tienen que hacer; haz que sean ellos los que sepan qué tienen que hacer con la filosofía. Filosofar es emprender. La propia construcción de una filosofía o de un discurso de la filosofía es una empresa en sí misma. Una organización real como Tesla no es una empresa por tener unos activos y unos recursos con los que fabricar unos productos que vender en el mercado, sino por derivar de una empresa, de un pensamiento inicial, de una voluntad de saber que encuentra una solución a un problema o a una oportunidad de negocio y de una voluntad de poder de hacerlo existir. Primero se construyó una empresa en una cabeza con una idea a través de la reflexión, de la problematización de lo existente; luego se debatió con alguien y se perfeccionó, y finalmente se realizó mediante la definición de planes de negocio, de buscar inversión y de cristalizar esa oportunidad en una sociedad con recursos. La ejecución del plan de empresa viene siempre después y durante la filosofía ejecutiva. ¿Qué era ese largo proceso que nació antes de que la sociedad se fundara? Filosofía, un emprendedor filosofando, la empresa de la filosofía. Si hay empresas es porque hay filosofía. Quizás no sea fácil verlo, pero todo pensamiento es ya un emprendimiento.

LA FILOSOFÍA EJECUTIVA TIENE UN COMPONENTE EMPRENDEDOR, TANTO EN EL SENTIDO DE QUE LA FILOSOFÍA ES UNA EMPRESA QUE PROPONE COSAS NUEVAS COMO PORQUE SE TRATA DE UN TIPO DE FILOSOFÍA QUE SIRVE ESENCIALMENTE PARA LA FORMACIÓN DE LOS EMPRENDEDORES.

La llamo *filosofía ejecutiva* por el componente emprendedor, tanto en el sentido de que la filosofía es una empresa que propone cosas nuevas como porque se trata de un tipo de filosofía que sirve esencialmente para la formación de los emprendedores. Es una filosofía práctica porque no tiene como objetivo teorizar, sino solucionar problemas reales o, como mínimo, crear el marco interpretativo idóneo para buscar soluciones. Se trata, por tanto, de una filosofía basada en la ejecución, no solo en la efectividad o en la praxis, sino en ejecutar soluciones válidas para un contexto determinado. La filosofía ejecutiva es una filosofía para ejecutivos, para directivos, para practicar una filosofía útil, con autonomía de los profesores, consultores o asesores de filosofía. Se trata de una filosofía adecuada para las personas que tienen que tomar decisiones, que deben crear una visión a largo plazo, que necesitan proponer estrategias ganadoras. No solo hay que dar una oportunidad a la filosofía en la empresa en la era digital, sino que lo necesita imperiosamente. El único directivo necesario frente a la poderosa inteligencia artificial es el que tiene filosofía ejecutiva, el capaz de pensar más allá de todo lo predecible y con la autoridad moral para decidir cuándo y cómo se aplican los algoritmos de aprendizaje inteligente y cuándo no.

Los retos del inmediato futuro no se resolverán con más tecnología o más ingeniería de datos, sino con pensamiento ejecutivo y sabiduría. El culmen de la filosofía ejecutiva, de la compensación del poder con el saber, es la sabiduría, la conformación del liderazgo del directivo filósofo. Quizás hoy el adjetivo *filósofo* no suene demasiado bien en el ámbito empresarial, pero esa gravedad del pensador original y de directivo efectivo y temperado será objetivo de los *headhunters* más experimentados en los próximos años.

El fundamento de la filosofía ejecutiva lo constituyen los diez principios de la filosofía, que no corresponden exactamente al pensamiento de autores específicos (aunque pueda haber un autor principal) ni a corrientes (que también se han contemplado), sino que son la síntesis de los paradigmas filosóficos que todo directivo debe saber. Por supuesto, se trata de una selección y, como toda elección, puede ser muy discutible, pero resume perfectamente todos los avances de la filosofía a través de varios temas clave.

Los principios que veremos en el capítulo siguiente son los que se listan a continuación: 1) socratismo, 2) platonismo, 3) aristotelismo, 4) nominalismo, 5) cartesianismo, 6) empirismo, 7) trascendentalismo, 8) historicismo, 9) existencialismo y 10) estructuralismo.

Hegel abogó por la salvación espiritual de la humanidad a través de la filosofía como saber absoluto. El devenir del espíritu completa su evolución en el saber absoluto. La superioridad de la filosofía respecto a cualquier otra disciplina es evidente para Hegel, pero el proyecto de un saber absoluto resulta completamente idealista, y nos damos perfectamente cuenta. Solo Dios puede saberlo todo, solamente lo absoluto es verdadero, dice Hegel en la introducción a su obra *Fenomenología del espíritu*. El ideal de la Ilustración cree en el despliegue progresivo de la razón, y es muy loable como ideal regulativo, pero poco realista en la práctica. La vertiente fuertemente especulativa y teórica de la filosofía hegeliana le hace despegarse completamente del mundo cotidiano.

Un saber absoluto para un poder absoluto no es lo que estamos buscando; más bien al contrario: perseguimos un saber democrático para un poder democrático en la empresa. La filosofía ejecutiva se nos presenta como un saber democrático que puede ejercer un poder democrático.

Puntos clave

- Recientemente las empresas han buscado integrar a filósofos en sus consejos de administración como miembros o asesores.
- Lo que proponemos es que sean los propios directivos quienes ejerzan su propia filosofía sin ayuda externa.
- Para desarrollar una filosofía ejecutiva es necesario que estén formados en los diez principios de la filosofía.

Preguntas y ejercicios

- ¿Qué partes de la filosofía consideras que son útiles para el mundo de la empresa?
- ¿Qué corrientes filosóficas piensas que se adaptan mejor al mundo de la empresa?
- ¿Qué filósofos u obras crees que pueden ser útiles para las organizaciones?

5

LOS DIEZ PRINCIPIOS DE LA FILOSOFÍA

«Cuando Sócrates en sus preguntas se toma tanto esfuerzo para descubrir la falta de fundamento de las opiniones de sus interlocutores, no lo hace por un sincero amor a la verdad, sino por un odio visceral contra esa vida de la que brotan inevitablemente las opiniones falsas».

SLOTERDIJK, P. *Venir al mundo, venir al lenguaje,* p. 71

1. Socratismo: la astucia del dialogar

Sócrates, el charlatán incómodo

Tan solo hay constancia de una sola persona en toda la historia de la humanidad que haya leído todas las obras de Sócrates. Carlos Menem, presidente de la República Argentina, dijo: «Yo leí todas las obras de Sócrates». Después de «Dios es argentino», sea dicho esto con todo el cariño para mis amigos argentinos, es lo más disparatado que he escuchado.

Sócrates nunca escribió nada —es la prehistoria de la filosofía—, pero conocemos bastante bien sus andanzas. Son varios los autores que recogieron sus testimonios, especialmente su discípulo Platón. Sin embargo, no es fácil distinguir lo que sería un Sócrates histórico de un Sócrates personaje construido por los diálogos platónicos. En cualquier caso, la historiografía filosófica parece distinguir con cierta precisión cuáles son las contribuciones de Sócrates a la filosofía y cuáles son las de Platón. Se podría hablar mucho al respecto, pero no lo vamos a cuestionar.

La filosofía occidental inicia su andanza con un nutrido número de filósofos muy diferentes entre sí, los llamados *presocráticos,* pero no es hasta Sócrates cuando iniciamos una filosofía basada no en la elaboración de un discurso explicativo racional sobre cuál es la esencia del mundo, sino en un método y en una praxis. Ese método ha ido evolucionando durante la historia de la filosofía hasta nuestros días. Sócrates fue objeto de críticas y burlas y profundamente odiado por las autoridades, hasta el punto de que resultó injustamente condenado a muerte y ejecutado.

Los sofistas fueron los primeros filósofos profesionales. Estos profesores cobraban por educar en filosofía, labor que anteriormente realizaban los aristócratas desinteresadamente. Sin embargo, a Sócrates no le pagaban por sus conversaciones, lo que tampoco gustó a todo el mundo. La filosofía es peligrosa. La crítica y el saber ofenden al poder. Esto demuestra que la filosofía es más práctica de lo que parece. Cambia a las personas y, con su transformación, cambia el mundo. Hay una larga lista de filósofos muertos prematuramente, y esta trágica tradición nació con el primer filósofo que fue condenado a muerte por impiedad por su propia ciudad. Aunque los discípulos del maestro Sócrates le habían preparado un plan de huida sobornando a los carceleros, él se negó a huir aduciendo que debía respetar las leyes de su ciudad, aunque fueran injustas. Jantipa, su mujer, lloraba desconsoladamente y se lamentaba de que lo fueran a matar injustamente, y Sócrates le preguntó lapidariamente: «¿Acaso preferirías que me mataran con justicia?».

Sócrates no intenta explicar la esencia del mundo, sino que tiene un método para que cualquiera llegue a saberlo por sí mismo. En este sentido, es poco metafísico, a diferencia de Parménides, ya que no busca explicaciones últimas, fundamentos, sino solo filosofar y convertir a los ciudadanos en filósofos filosofando, intentando esclarecer conceptos esenciales para vivir, como justica, belleza o amor. Su método sirve para llegar a conclusiones, aunque sean provisionales, a través de un diálogo dirigido por preguntas tácticas. En ocasiones se le confundió con un integrante del movimiento de los sofistas, pero poco tuvo que ver con ellos. Estos pronunciaban grandes discursos basándose en la retórica y en la persuasión utilizando una lógica falsa; pensaban que en la argumentación todo vale porque la verdad no existe. En cambio, Sócrates creía que la verdad es provisional y, por tanto, vale la pena hacer el esfuerzo para conocerla, aunque sea un esfuerzo constante; pero para ello hay que tener una ética en la argumentación y en la vida. Nos trasladamos de la sofista arma del diálogo para someter a las personas a nuestros pensamientos a la socrática virtud del diálogo para liberar a las personas de sus pensamientos falsos y heredados.

El *coaching* socrático

El método de Sócrates se define como *mayéutica,* pero en realidad se debe considerar la primera versión de la dialéctica, del diálogo inteligente y táctico, de la astucia del diálogo, un lejano precedente del *coaching*. Así, Sócrates decía: «Solo sé que no sé nada», pero esto ya es saber algo. De alguna manera, su posición de no saber nada resulta táctica, una argucia racional para saber más, aprender del diálogo y hacer aprender a los demás. El saber de Sócrates es el saber preguntar, un saber eminentemente práctico; se trata más de un *know how* que de un *know what*. Tiene la habilidad del cuestionamiento, que es la primigenia expresión de la duda, de esa actitud inconformista por la que se busca una verdad mejor. La verdad no radica en los discursos, sino en el diálogo, en el consenso de las ideas. Sócrates se da cuenta de que lo importante en el saber es el consenso intersubjetivo, el saber compartido, en común, no el individual. Podemos saber más economía que nadie, pero si no somos capaces de entendernos con otros y movilizarlos hacia nuestras propuestas, de nada nos servirá. El saber compartido se transforma en poder. Las sociedades, las empresas, las organizaciones en general son incapaces de desarrollarse sin un conocimiento compartido.

Sócrates suele empezar sus diálogos con ironía. Siempre ataca a los que más se creen que saben. Las preguntas incisivas hacen tambalear hasta al más sabio, erosionan la convicción en sus conocimientos, hasta que se da cuenta de que es un ignorante más. Los que parecen sabios no lo son cuando se les pone a prueba. Y es a partir de ahí como el razonamiento a través del diálogo astuto va conformando una nueva verdad más sólida y compartida. Esta verdad, aunque tenga el estatuto de provisional, posee mayor fuerza que la anterior. Este es un punto clave. Entre la falta de verdad de los sofistas y de las verdades eternas de las religiones y las mitologías que nadie discute, la teoría de la verdad socrática representa una actividad permanente, sin fin, vigilante, y por eso la verdad resulta más importante que nunca, hay que conocerla antes de que deje de serlo. Es capaz de convencer y movilizar a más gente y de manera más entusiasta. Como una comadrona, Sócrates puede extraer de la otra persona el conocimiento más auténtico y profundo. La astucia del diálogo socrático establece los principios del pensamiento práctico, ese tipo de razonamiento inductivo que va de lo particular a lo general. Todo el mundo tiene el conocimiento dentro de sí mismo y Sócrates ayuda a extraerlo, a darlo a luz, como si de una comadrona se tratara, lo que conocía bien por su madre, que lo fue. Sócrates no busca la esencia de la naturaleza como sus predecesores, sino el saber que las personas tienen en su mente. Persigue los conceptos universales como la máxima expresión del conocimiento colectivo. Parte de los hechos humanos, no de los naturales, para llegar al conocimiento universal, que es el que debe regir la virtud de las personas y constituye la verdad. El proceso de encontrarla es un desvelamiento infinito por capas. Con Sócrates, el filosofar como la búsqueda del conocimiento o, en otras palabras, como la búsqueda de la verdad, por primera vez está indisolublemente unido a la práctica de la virtud, al saber hacer, al bien hacer, a la ética. Para obrar el bien hay que conocerlo, y el que hace el mal es por pura ignorancia. Eso es lo que piensa Sócrates. Si filosofas, y por tanto sabes, no solo sabes lo que tienes que hacer, sino que lo que vas a hacer está bien porque hacer el bien es la única manera de aprender y ganar.

Como hemos dicho anteriormente, la distinción teórica entre Sócrates y Platón es un ejercicio intelectual pero poco real. Por eso la dialéctica platónica supone una extensión indistinguible de la mayéutica socrática. La manera de dialogar de Sócrates y de Platón es la misma, la dialéctica. Que no nos confunda la oralidad socrática.

El teatro fue un arte muy importante en la antigua Grecia. En la polis, en una ciudad estado como Atenas, la democracia y el teatro iban juntos. La democracia se basa en el diálogo social para todo. La gestión de la sociedad incluye necesariamente dialogar. El diálogo es el fundamento del teatro, donde nacen géneros como la comedia o la tragedia. La filosofía no puede ser menos y adopta el paradigma del diálogo como la manera en la que podemos alcanzar el saber y la verdad. Las palabras griegas *teoría* y *teatro* tienen la misma etimología: *teatron* quiere decir «lugar para ver», *theoros* significa «espectador» y *theoría* equivale a «contemplación» o «pensamiento especulativo», pero, en definitiva, se refiere al conocimiento. Sócrates era un demócrata, aunque escéptico, y el diálogo su manera de cohesionar la pluralidad ideológica existente en un ambiente de libertad de expresión.

Sócrates ejerce una influencia enorme en todos los filósofos y en las escuelas posteriores, como el epicureísmo, el estoicismo, el platonismo, el aristotelismo o el escepticismo.

¿Cuál sería entonces el paradigma del socratismo? Asumir el paradigma filosófico que deriva de los aspectos esenciales de la filosofía de Sócrates y además saberlo utilizar hoy en los contextos en los que nos movemos. No hay que confundir el principio del socratismo con seguir a Sócrates o su filosofía; lo que queremos es extraer algunas de las enseñanzas para utilizarlas. El socratismo sería la primera capa básica de principios filosóficos que nos pueden ayudar a aprender a filosofar en nuestra vida diaria y organizacional.

Principios del Socratismo

- El dominio del saber preguntar.
- El diálogo táctico.
- La capacidad de planificar un árbol de diálogo.
- El diálogo facilitador de las creencias ocultas del receptor.
- La capacidad de verificar la solidez de las creencias del receptor.
- La detección de la falsedad de las respuestas.
- La asunción de que la verdad es provisional y un consenso social.
- El conocimiento de que saber y virtud van juntos.
- El dominio del razonamiento inductivo: de lo particular a lo general.

Caso de uso. Aplicación del *coaching* ejecutivo

La metodología más parecida al socratismo es el *coaching* ejecutivo, que puede contratarse particularmente o desde la empresa como desarrollo directivo. Especialmente cercana a la filosofía es la orientación del *coaching* ontológico de Rafael Echevarría basado en la concepción lingüística de la realidad. Pero de lo que se trata, más que de recibir sesiones de *coaching,* es de saber utilizar las técnicas del *coaching* ejecutivo, así como del *coaching* de equipos, en la gestión diaria, quizás no de una manera rigurosa, pero sí adaptada a las circunstancias, más al estilo de resolución de problemas de la figura del *business partner* de Recursos Humanos. En la cultura empresarial la conversación es clave y el estilo del diálogo más, por consiguiente, aprender a gestionar el diálogo aprendiendo la técnica de hacer preguntas para ayudar a extraer las respuestas del preguntado es enormemente positivo. Muchas de las *startups* que se han convertido en empresas exitosas, fueron fundadas por dos emprendedores cuyo diálogo productivo evolucionaron de manera más rápida, eficiente y creativa. El diálogo reduce los errores y las equivocaciones.

2. Platonismo: la virtud de trascender las apariencias

> «El ser, por su parte, como participa de lo diferente, viene a ser diferente de los otros géneros, y al ser diferente de todos aquellos, el no-ser no es cada uno de ellos ni su totalidad, sino solo él mismo; de este modo —indudablemente—, el ser, a su vez, no es infinitas veces respecto de infinitas cosas, y las demás cosas, sea individual o colectivamente, en muchos casos son, y en muchos otros casos no son».
>
> PLATÓN. *Sofista,* 259 b

Platón, maestro de maestros

Platón narra una anécdota de Tales cuando afirma: «Como, oh Teodoro, se dice que una aguda y graciosa esclava tracia se burló de Tales, porque, mientras observaba las estrellas y miraba hacia arriba, se cayó en un pozo; ávido por observar las cosas del cielo, le pasaban desapercibidas las que estaban detrás de él y delante de sus pies» (Platón, *Teeteto,* 174 a). Lo que Platón dice de Tales bien podría afirmarse de los filósofos en general, y en particular del mismo Platón, pues fue un idealista, en el sentido de que dio siempre preeminencia al mundo de las ideas sobre el terrenal.

Platón, que en realidad se llamaba Aristocles —su profesor de gimnasia le apodó Platón por tener las espaldas anchas—, escribió mucho y enseñó más. Fundó la institución de saber más longeva de la Antigüedad: la Academia, llamada así en honor al héroe mitológico Academo. Formó a innumerables personas, como a Aristóteles. Desde el punto de vista metodológico, ya hemos constatado que se diferencia poco de Sócrates. Formalmente tienen la misma dialéctica, aunque Platón llevó el género escrito del diálogo filosófico a sus máximas cuotas de calidad intentando recrear las conversaciones como había visto hacer a su maestro. Aunque algunos expertos señalan que el llamado *género de diálogos socráticos* lo inventaron autores cuyas obras no han llegado hasta nosotros, obviaremos este dato por simplicidad. La innovación platoniana resulta extremadamente importante, es una revolución copernicana. En la polis griega, en una ciudad estado como Atenas, había diversos tipos de personas que hablaban en público, como los sofistas o los políticos, y solían hacerlo en el ágora, en la plaza pública, o en escuelas o templos. Los sofistas publicaron discursos, obras basadas en su oratoria, pero el único precedente de diálogo escrito lo tenemos en el teatro.

El teatro era un arte consustancial a la democracia ateniense, muy popular. Platón introdujo una innovación: el teatro filosófico, que algunos han llamado *drama de las ideas* o *drama platónico*. Platón rompió la separación entre espectador y actor. El teatro era una simulación que se contempla desde el anfiteatro (*teatron* o *koilon*) mientras los actores actúan en el escenario *(skene),* pero Platón decidió pasar a la acción y actuar. Así, el diálogo se convirtió en contemplación y en dicción al mismo tiempo. La simulación se transformó en realidad y el entretenimiento en conocimiento. La búsqueda del placer artístico se mutó en búsqueda de la verdad. Los actores en el escenario llevaban máscaras para hacer visibles las emociones humanas, pero Platón decidió desenmascarar la verdad para conocer a los humanos. Criticó extensa y explícitamente el teatro en toda su obra por estar vinculado a los mitos que representaban la falsa verdad, que eran imitación de la realidad, repetición de esta, el nivel más bajo del saber. Por su estilo sus diálogos siguen teniendo una estructura parecida a los del teatro en ritmo y forma.

La filosofía sale de la caverna

Con el mito de la caverna vemos la perfecta crítica al teatro y la superación de este por la filosofía, así como sus implicaciones políticas. El teatro, al ser el nivel más bajo de conocimiento, puede dominar a las almas sencillas que no saben cómo llegar al mundo del saber supremo o mundo de las ideas. En el libro V de *La República,* Platón define al filósofo como aquel que «ama el espectáculo de la verdad», a diferencia del mero espectador, que contempla la verdad aparente, simulada. El antagonista del filósofo resulta ser el sofista, que es un «imitador del sabio», un actor, un poeta, pero no un sabio de verdad. Así comprobamos cómo Platón adopta la forma del teatro, pero rechaza su esencia.

En el libro VII de *La República* se describe el mito de la caverna, que es una conversación entre Sócrates y Glaucón, hermano de Platón, sobre cómo afectan el saber y la educación filosófica a la sociedad.

James Adam, autor de una edición crítica de *La República*, realizó el siguiente esquema del mito de la caverna que utilizo aquí:

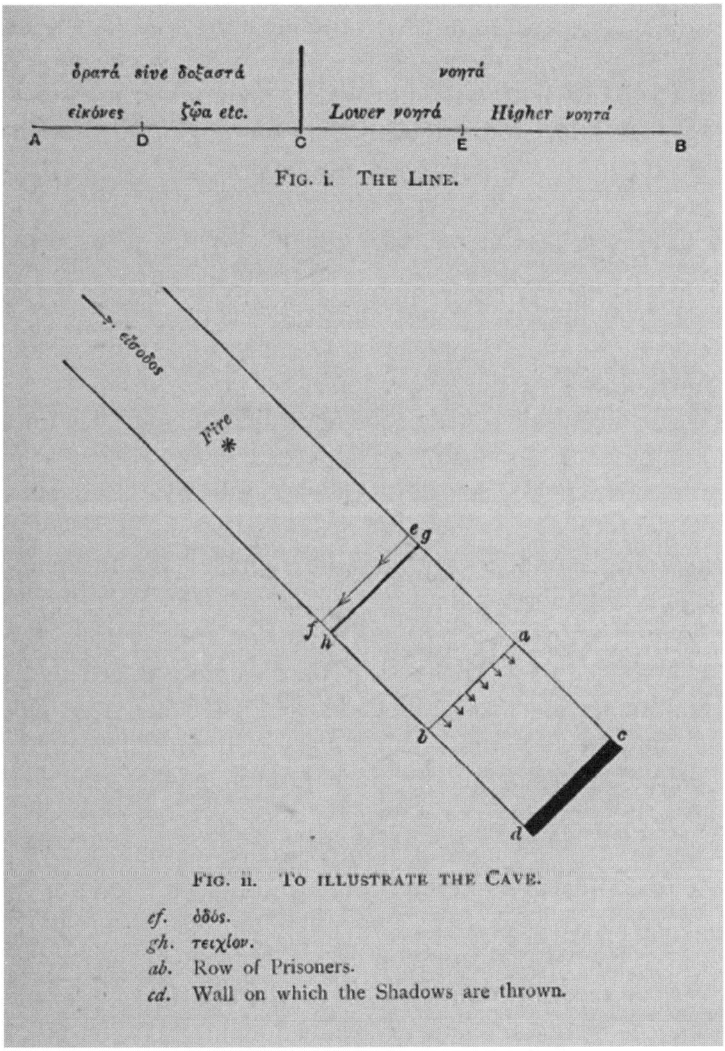

Esquema del mito de la caverna realizado por James Adam

No es casualidad que Platón construyera un mito alegórico que representa una crítica al teatro en sí, a esa visión acrítica donde los espectadores se dejan arrastrar por las apariencias propias de la simulación de la realidad que realizan los actores. Podemos ver el mito como una obra de teatro en dos partes: la escenografía y la trama. La escenografía del mito nos la transmite Sócrates cuando pide a Glaucón que imagine a un grupo de prisioneros *(a-b)* que se encuentran encadenados desde su infancia delante de una pared *(c-d)* y a espaldas de un muro de media altura *(g-h)* dentro de una caverna subterránea. Es lo que Platón llama *vivienda-prisión*. Un fuego, situado después de la puerta de entrada de la caverna, ilumina su interior. Unos porteadores que pasan por un camino *(e-f)* detrás del muro *(g-h)* permanecen ocultos por la altura de este, y los prisioneros ven tan solo las sombras proyectadas por los objetos transportados a hombros por los porteadores que sobresalen del muro *(g-h)*. Los prisioneros creen que aquello que observan es el mundo real, sin darse cuenta de que se trata solo de las apariencias, pues son las sombras de los objetos, sujetos por las personas que no se ven.

A partir de ahí, Sócrates explica la trama del mito. En un determinado momento, uno de los prisioneros consigue liberarse de sus cadenas y comienza a salir de la caverna. Observa la luz del fuego más allá del muro, cuyo resplandor le ciega y casi le hace volver a la oscuridad. Poco a poco, el hombre liberado se acostumbra a la luz del fuego y, con cierta dificultad, decide avanzar. Sócrates declara que este es un primer paso en la búsqueda del conocimiento. Después, el hombre sale de la cueva, donde observa primero los reflejos y las sombras de las cosas y luego las siluetas de las personas para luego verlas directamente. A continuación, observa las estrellas, la Luna y el Sol. Sócrates sugiere que el hombre aquí razona de forma tal que concibe ese mundo exterior o mundo de las ideas como un mundo superior. Entonces, el hombre regresa al interior de la caverna para compartir su descubrimiento con los prisioneros, ya que siente que debe ayudarles a ascender al mundo real. Cuando regresa a la cueva a por los otros prisioneros, el hombre no puede ver bien porque se ha acostumbrado a la luz exterior. Los prisioneros piensan que el viaje le ha dañado y no desean acompañarle fuera. De hecho, ríen incrédulos sobre lo que les explica. Estos prisioneros harían lo posible por evitar dicha travesía; incluso estarían dispuestos a matar a quien se atreviera a intentar liberarlos.

El mito de la caverna es una alegoría que explica el dualismo platónico de la teoría ontológica (cómo es la realidad) y epistemológica (cómo conocemos la realidad). Por una parte, tenemos el mundo sensible, cuya experiencia se vive mediante los sentidos, que son corruptibles y mutables; por otra, el mundo inteligible o mundo de las ideas, cuya experiencia representa el auténtico conocimiento, la realidad y el sentido de la vida. Las ideas son únicas, eternas e inmutables; son la verdad. Los prisioneros constituyen una metáfora de las personas que son esclavas de sus percepciones y de las imágenes que se les presentan, tal y como ocurre con los espectadores en el teatro. Las sombras son el falso mundo físico que perciben, confundiéndolo con el conocimiento verdadero; son simulación, mera copia del mundo de las ideas. Cuando uno de los prisioneros se libera de sus cadenas y sale de la caverna, este viaje representa su ascensión al mundo inteligible, donde adquiere el verdadero conocimiento: es el paso de la ignorancia a la sabiduría y la liberación del yugo de la falsedad. Esta ascensión se realiza mediante el método dialéctico.

> «—¿Pues quiénes son entonces —preguntó— aquellos a los que llamas *filósofos verdaderos*?
> —Aquellos que gustan contemplar la verdad—respondí».
>
> Platón. *La República,* 475e

El conocimiento del mundo sensible corresponde al interior de la caverna, se fundamenta en la opinión *(doxa)* y se compone de la conjetura *(eikasia)* producida por la imaginación de las sombras que los prisioneros observan y de la creencia *(pistis)* derivada del hábito de ver cualquier objeto, incluyendo a los prisioneros. En cambio, el conocimiento del mundo inteligible está representado por el exterior de la caverna, fundamentado en la ciencia *(episteme)* e integrado por el conocimiento intelectual *(noesis),* señalado por el momento cuando el prisionero liberado mira directamente el Sol y los objetos exteriores, vinculado a la filosofía. Finalmente, está el conocimiento discursivo *(dianoia),* relacionado con la matemática, representado por el prisionero liberado cuando observa los reflejos de las cosas en el exterior.

Las cosas son una copia de las ideas innatas que tenemos en nuestro interior y que nos conectan con el mundo inteligible. Los filodoxos son los amantes de la opinión y los filósofos, de la sabiduría y se comprometen a través del diálogo táctico, de la dialéctica, a alcanzar el conocimiento verdadero.

Muchos filósofos reinterpretaron el mito de la caverna platónico o lo utilizaron para explicar teorías propias, como Aristóteles, Cicerón, Nietzsche o Heidegger.

¿Es tan importante la verdad como Sócrates o Platón nos dicen o lo es permanecer en nuestra zona de confort o en el estado de bienestar, que es lo que solemos hacer los humanos en la sociedad? ¿Es posible hacer entender a alguien que no tiene la visión que el mundo de lo contrario de lo que cree?

Filosofar exige coraje para ir contracorriente, y es inevitable tener interacciones violentas con los antagonistas, pues les estamos desproveyendo de su identidad, de todo lo que son, de todo lo que tienen, aunque sea falso. Platón lo sufrió en su carne cuando fue convertido en esclavo en Sicilia por Dionisio II.

Principios del Platonismo

- No fiarse de las apariencias.
- No fiarse de las teorías *ad hoc*.
- Búsqueda de explicaciones no evidentes y profundas.
- Capacidad para dialogar por escrito.
- Saber ganar perspectiva ampliando el marco de comprensión.
- Utilización del dualismo como herramienta para la comprensión simplificada de las posturas conceptuales.
- Visión de futuro.
- Entender la gobernanza.

Caso de uso. Dialogar con ChatGPT

El diálogo, especialmente por escrito, se encuentra hoy con la dificultad de la generalización de herramientas de IA como OpenAI o ChatGPT, que superan ya el test de Turing, es decir, que no se puede distinguir si al otro lado hay un humano o no. Los *chat bots* proliferan y participan en conversaciones con personas como un más. Especialmente en las aplicaciones de soporte al cliente. Existen herramientas que permiten saber si un texto ha sido generado o manipulado por IA, pero lo importante radica en tener una política de empresa donde se señalen los parámetros de aplicación de la IA, la trazabilidad de sus aprendizajes e inferencias, así como los sesgos y límites éticos. En cualquier caso, la comunicación por escrito entre personas es una actividad diaria que se ejerce a través de *emails* e informes que ayudan de una manera mucho más precisa e involucrando a mayor número de personas en la gestión de los problemas empresariales. Sin una ganancia en comprensión y perspectiva es imposible, tanto el éxito como la resolución de problemas. Para salir de la caverna hay que comunicar con efectividad.

3. Aristotelismo: las leyes del razonamiento

«La genialidad de Aristóteles en este punto ha estribado en no pretender que el objeto propio de la filosofía sea una zona especial de la realidad como lo fue todavía para Platón: la filosofía ha de abarcar la realidad entera [...]. Es claro entonces que lo real en cuanto lo real constituirá el carácter de lo filosófico en cuanto filosófico».

ZUBIRI, X. *Naturaleza, Historia, Dios,* p. 105

Aristóteles, el sabio enciclopédico

Diógenes Laercio, autor de *Vidas, opiniones y sentencias de los filósofos más ilustres* (siglo III d. C.), señaló la obsesiva dedicación de Aristóteles por la lectura, que llegaba a tal extremo que al final del día, cuando iba a la cama para seguir estudiando, sostenía una bola de bronce en la mano dentro de una palangana del mismo metal. Cuando le preguntaron el motivo de esa extraña costumbre, explicó que cuando el sueño le vencía la bola caía sobre el barreño y el ruido le volvía a despertar y así podía seguir leyendo.

Sócrates y Platón eran atenienses; Aristóteles, en cambio, macedonio, y eso lo marcó toda su vida. Hasta su adolescencia no fue a Atenas a estudiar con Platón. Aristóteles llegó a estar veinte años en la privada Academia platónica, hasta que murió su maestro y abandonó Atenas. Más tarde fue maestro y mentor de Alejandro Magno y luego volvió a Atenas para fundar su propia escuela, el Liceo, pública y con muchas clases gratuitas.

«Soy amigo de Platón,
pero soy más amigo de la verdad».

ARISTÓTELES

Se calcula que Aristóteles es autor de unas doscientas obras, pero solo se conservan 31. Escribió muchos diálogos, pero únicamente se han conservado unos pocos fragmentos, lo que nos da una idea sesgada de su platonismo. Precisamente todos los escritos exotéricos, los destinados al público, se perdieron; solamente han perdurado los llamados *esotéricos,* los destinados a dar clase, es decir, unos meros apuntes. Esta es la principal razón de por qué conocemos a Aristóteles por su saber enciclopédico materializado en difíciles tratados sistemáticos. En cualquier caso, de lo que no hay duda es de que inauguró un tipo de filosofía diferente del diálogo socrático-platónico. El mismo Platón criticaba a Aristóteles porque le gustaba más leer y escribir que debatir. Le llamaba *lector* como un insulto. La dialéctica aristotélica se convirtió en pura escritura, en discurso escrito y en debate teórico escrito. Mientras en Platón los diálogos escritos eran una reproducción más o menos creativa de las conversaciones orales, en Aristóteles algunos de sus tratados tomaban como modelo la exposición matemático-deductiva de los *Elementos* de Euclides. La dialéctica se convirtió así en razonamiento lógico, en una nueva dimensión dentro de la filosofía. No solo se trataba de pensar, sino de preguntarse cómo pensar mejor.

Los tratados sobre lógica probablemente suponen la mayor contribución a la humanidad que nos ha dejado: un conjunto de tratados agrupados por Andrónico de Rodas con el título de *Organon.* Junto a este conjunto de obras, Andrónico añadió todas las que tenía a disposición para formar el *Corpus aristotelicus,* la base del corpus filosófico como conjunto de obras más o menos canónico que conforman los libros fundamentales de la historia de la filosofía. La obra de Aristóteles es el núcleo, no solo de toda la filosofía occidental, sino de todo el conocimiento científico. Nadie de la Antigüedad nos presenta una elaboración sistemática del saber enciclopédico y nadie ha tenido tanta influencia en la posteridad como él. Aristóteles y el aristotelismo han influido en las tradiciones intelectuales de las grandes religiones abrahámicas, como el cristianismo, el islam y el judaísmo. No hay prácticamente filósofo en la historia que no haya leído o comentado su obra. Casi se podría decir que la historia de la filosofía es la historia de cómo los filósofos discuten con Aristóteles.

Él se aleja del teatro, del diálogo y de la tradición oral; la escritura y el libro se vuelven protagonistas. No en balde su Liceo tuvo la mayor biblioteca de la Antigüedad. En parte disponemos de ella gracias a la cobardía de Aristóteles, quien huyó de Atenas temiendo por su vida: «No veía razón para dejar que Atenas pecara dos veces contra la filosofía», dijo en alusión a la ejecución de Sócrates. Sin Aristóteles y su biblioteca conoceríamos vagamente a Sócrates y a Platón, y quién sabe si hubiera existido la filosofía como tal.

A la muerte de Aristóteles, su discípulo Teofrasto de Ereso heredó la dirección del Liceo y, por motivos políticos, la trasladó a Alejandría bajo el gobierno de Ptolomeo, donde sumó unos diez mil papiros de la biblioteca, incluyendo las obras de Platón, a los de la gigantesca y célebre biblioteca y museo de Alejandría. Allí cualquier barco que atracaba a su puerto se registraba y se confiscaban todos sus libros hasta que se copiaban en la biblioteca y se restituían a sus propietarios. La misma biblioteca enviaba agentes secretos en busca de libros a todos los rincones del mundo; eso era la inteligencia arcaica. Como es sabido, la biblioteca sufrió un incendio provocado por el obispo Cirilo de Alejandría y su directora, Hipatia, fue asesinada. Sin embargo, Apelicón de Teos consiguió salvar muchos libros y se los llevó a Atenas. Cuando Sila conquistó Atenas, trasladó los restos de la biblioteca alejandrina a Roma, y allí, después de varios avatares, Andrónico editó el *Corpus aristotélico,* que tuvo enorme influencia en Europa. En los siglos posteriores se hicieron miles de copias y traducciones, aunque, como se sabe, el sistema de la copia, la denominada *pecia,* desvirtuaba los textos, pues a veces el copista los corregía o no los distinguía de sus comentarios. Algunos textos se perdieron. Sabemos que el emperador Caracalla quemó unos cuantos libros en una de sus rabietas.

En su *Lógica* Aristóteles detalla las leyes del razonamiento, el uso correcto e incorrecto de los silogismos, que son argumentos formalmente válidos, porque en ellos la conclusión se sigue necesariamente de las premisas. Un silogismo debe contar como conclusión con algún dato nuevo respecto a las premisas. Así, un argumento que tiene como conclusión una de las premisas, no es un silogismo en sentido aristotélico, aunque resulte lógicamente válido. Una demostración para Aristóteles es un silogismo con premisas verdaderas.

Veamos un ejemplo de silogismo verdadero:

a) Todos los hombres son libres.
b) Sócrates es un hombre.
c) Sócrates es libre.

Y otro de una falacia o silogismo falso:

a) Aristóteles era filósofo.
b) Aristóteles era griego.
c) Todo filósofo es griego.

> «Todo conocimiento racional, sea enseñado, sea adquirido, se deriva siempre de nociones anteriores».
>
> ARISTÓTELES. *Segundos analíticos,* Libro I, 1

La lógica de los principios universales

Hay que remarcar que la lógica silogística está aún muy distante de la lógica formal moderna, pero es un salto de gigante respecto a sus antecesores, y lo más importante radica en que la utiliza extensamente en toda su obra. Siguiendo el ejemplo de Euclides, establece un sistema deductivo, pero no para la geometría, sino para que el lenguaje natural pueda funcionar de una manera similar, de la forma más científica posible. La lógica es el precedente de la lógica-matemática, cuyo mayor exponente son quizás los *Principia mathematica* de los filósofos Russell y Alfred North Whitehead y del pensamiento crítico, iniciado por Dewey. Aristóteles se alejó del teatro, del género literario dialógico, para iniciar un estilo de escritura protocientífica basada en el modelo de la deducción geométrica de Euclides que acabará teniendo un éxito rotundo en la posteridad.

> «Todos los hombres tienen naturalmente el deseo de saber».
>
> ARISTÓTELES. *Metafísica,* Libro I

Junto a su *Lógica,* la contribución más importante de Aristóteles es la filosofía primera, que se trata en la obra *Metafísica,* título puesto por Andrónico casi como signatura topográfica porque estos libros se encontraban después de los de la *Física* y *meta* en griego quiere decir «más allá» o «después». Sin embargo, la metafísica no se opone a la física; ni siquiera se complementa con ella. Ya hemos visto que el nombre es casual. Es la lógica la que se opone y se complementa a la metafísica. En ella se ponen las bases de una mentalidad presentista, la llamada *metafísica de la presencia,* según la cual los seres humanos pueden conocer la realidad, el mundo objetivo, partiendo de sus sentidos, con inmediatez. La presencia presente es un constructo lingüístico que Aristóteles no podía conocer, pues no se empezó a tener consciencia de ella hasta el siglo XX. Por tanto, el intento de entender los componentes básicos de la realidad le llevó a categorizar conceptos de una manera muy abstracta. Construyó un metalenguaje, un lenguaje sobre el lenguaje, pensando que hacía un lenguaje que inmediatamente designaba los elementos esenciales de la realidad, los conceptos de los conceptos, los metaconceptos de la realidad, esos principios generales de todo lo existente a partir de los cuales cabría deducir todos los objetos particulares, los elementos esenciales o sustanciales que formarían parte de todos los objetos existentes.

Significación metafísica y lógica formal se complementan. Si la lógica analiza los enunciados desde el punto de vista de su concatenación argumental, la metafísica no deja de ser un primigenio análisis semántico de las proposiciones, pero, al carecer de la conciencia lingüística contemporánea, se cosifica en ese presentismo transparente que no es otra cosa que un idealismo racional. Aristóteles aún piensa que las palabras tienen su correlato en la realidad, lo que hoy ya sabemos que no es cierto porque las palabras solo tienen una correspondencia con nuestras imágenes mentales, nunca con la realidad. Frente a la predicación, un juicio en un enunciado como «yo soy un hombre», que bien puede ser estudiado con la lógica silogística, Aristóteles pretende entender qué significa el verbo *ser* como propiedad de todas las cosas que existen. No es el predicado el objeto de estudio, sino la predicación, aquello que hace posible el existir, la condición de posibilidad, el ser mismo, el Ser en mayúscula como concepto, como sustantivación del infinitivo. La metafísica es la ciencia del Ser, no en tanto que verbo, sino en cuanto esencia de todas las cosas.

La filosofía primera se refiere a los primeros principios de la realidad y parte del Ser en cuanto Ser, es decir, de la realidad, sin preocuparse de los saberes regionales, como la psicología, la lógica o la física, intentando buscar lo que hay en común en todos los saberes y, por tanto, el motivo por el que podemos hablar de todos y entenderlos. La física es la ciencia de un género de seres determinado que se ocupa de la sustancia que posee en sí el principio del movimiento y del reposo. Aristóteles dice que el Ser es uno pero que puede decirse de muchas maneras y clasificarse en categorías. El Ser es sustancia. El Ser propiamente dicho es el sustrato de todo lo existente. El Ser tiene sus accidentes o formas de ser de la sustancia: cantidad, cualidad, acción, relación, lugar, tiempo, posición, estado y pasión.

La sustancia está formada por materia y forma. Esta última es la esencia de las cosas. Ontológicamente, Aristóteles rompe el dualismo de la realidad platónica porque le parece que hace que la esencia de las cosas esté fuera de ellas y se inclina por una postura materialista, donde solo existe el mundo sensible. Pero epistemológicamente sí utiliza la doble metodología de la inducción y la deducción. La primera parte se basa en la experiencia y la segunda en las ideas.

No se puede aprender a filosofar sin conocer a Aristóteles.

Principios del Aristotelismo

- Dominio del razonamiento deductivo: de lo general a lo particular.
- Saber razonar con argumentos formalmente correctos.
- Dominio de la lógica formal.
- Saber detectar sesgos y falacias.
- Tener una idea general del saber y saber clasificar los diferentes tipos.
- Saber reducir los problemas a los elementos básicos.
- Capacidad para analizar y comentar textos escritos.

Caso de uso. La inteligencia de negocio

El desarrollo de la inteligencia de negocio como ayuda a la toma de decisiones hoy es completamente fundamental. Una jerarquía de indicadores con sus medidas y dimensiones no basta, detrás debe existir una serie de inferencias que hagan útil la interpretación de los datos. Suponen una lógica cuya base está en la silogística aristotélica. Cada día es más importante no solo el establecimiento de cuadros de mando e indicadores típicos de la operación en curso, sino lo que se llama *People Analytics,* la inteligencia sobre el comportamiento de los empleados. Se trata de una disciplina relativamente nueva, pero es importante su extensión al nivel directivo para entender los contextos de toma de decisiones y su éxito, analizando tanto los datos como las habilidades blandas.

4. Nominalismo: el uso y el abuso de las palabras

> «No obstante hay un concepto así común a todo ente. Este nombre, *ente,* es equívoco, porque no se predica de todos los subordinados, cuando se toman significativamente, según un concepto, sino que al mismo corresponden diversos conceptos».
>
> OCKHAM, G. *Summa logicae,* p. 139

Ockham, el innovador radical

Los padres franciscanos pertenecen a una de las órdenes católicas que más han aportado a la humanidad. Ockham fue educado en un convento franciscano en Inglaterra antes de formar parte de la orden. Estudió teología en Oxford y fue una de las mentes más brillantes de la época medieval. En una primera parte de su vida, fue autor de obras de lógica, pero a partir de sus problemas con la Iglesia oficial, que lo convirtieron en un preso político, empezó a escribir obras de política. Estuvo cuatro años en arresto domiciliario en Aviñón, mientras las autoridades religiosas estudiaban sus obras para dictaminar sobre su posible herejía, de la que fue acusado probablemente por seguidores de Tomás de Aquino. Ockham se fugó a Pisa y consiguió la protección del emperador Luis IV de Baviera. Entonces se atrevió a acusar al mismo papa Juan XXII de hereje. Ockham fue excomulgado, pero no se le condenó oficialmente. Se le rehabilitó póstumamente en 1359. En el centro de la polémica con el papado estaba la doctrina de la pobreza evangélica, según la cual los franciscanos tenían el poder de usufructo de sus bienes, aunque no poseyeran la propiedad, ya que pertenecía al papa.

El aristotelismo impregnó todo el debate intelectual de la Edad Media. Los filósofos más importantes se posicionaron a favor y en contra e intentaron encajar su pensamiento con la fe. Este debate social se estableció en las primeras universidades, que surgieron entre los siglos XI y XIII, como las de Bolonia, París, Oxford, Módena, Vicenza, Cambridge, Palencia o Salamanca. El triunfo del aristotelismo, después de muchas dificultades y diatribas con el cristianismo oficial, resultó completo en Europa, y la escolástica constituyó ese movimiento de articulación de cristianismo y filosofía griega. Cualquier estudiante, aunque fuera de teología, estaba obligado a formarse en Aristóteles. Esta revolución teórica permitió a Occidente llegar a una separación completa entre ciencia y fe o entre Iglesia y Estado, posibilitando el mayor desarrollo económico e intelectual de la humanidad, sin parangón en ningún lugar de la tierra, especialmente respecto a las religiones que llegaron a prohibir a Aristóteles, como el islam después de Averroes y el judaísmo después de Maimónides. Tan solo una adopción tardía del capitalismo y de su capital intelectual permitió evolucionar a otras áreas deprimidas del planeta en Asia que no siguieron el discurso de la razón ilustrada.

Entre los grandes filósofos medievales está Tomás de Aquino, quizás el más famoso, pero sin duda el más importante resultó Ockham, también conocido con el sobrenombre de *Venerabilis inceptor* («venerable principiante», aunque yo lo traduciría como «venerable innovador») por su sorprendente capacidad de adelantarse a su tiempo en todas las cuestiones y por dinamitar la escolástica desde su interior, todo un rebelde y maestro de la lógica deductiva. Conocido por ser mencionado en la famosa novela de Umberto Eco *El nombre de la rosa,* Ockham fue un liberal antes del liberalismo, un empirista antes del empirismo y un lingüista antes de la lingüística. En el ámbito político abogó por una completa separación entre

Iglesia y Estado, mientras que en lo religioso consideró una división radical entre razón y fe, aunque igualmente afirmó que esta última debía ser aceptada, a pesar de ser absurda, por no ser racional, pues solo la experiencia sensible alimenta la razón. En consecuencia, la existencia de Dios no podía ser demostrada racionalmente, lo que, lejos de ser un problema, hacía más fácil su aceptación no racional por la fe. Sin embargo, ya sabemos que las autoridades eclesiásticas declararon sospechosa de herejía su filosofía en virtud de su radical e innovadora teología.

Ockham es un autor que se conoce poco y mal. En las historias de la filosofía no se le explica nada bien. Se le suele conocer popularmente por el argumento que lleva su nombre, *la navaja de Ockham,* que está basado en tres premisas:

- No postular la existencia de identidades innecesarias para la explicación.
- Tratar de explicar lo desconocido en términos de lo conocido.
- Normalmente la explicación más simple es la mejor.

Se decía que Ockham afeitaba como una navaja las barbas de Platón por su enfoque antiidealista. Un buen ejemplo actual para degollar con la navaja del filósofo sería la utilización de términos desconocidos, como *ovni,* para explicar ciertos fenómenos, o incluso la pseudoteoría de los astronautas ancestrales. Habitualmente se identifica la navaja de Ockham con el lema de Sherlock Holmes: «Si eliminas lo imposible, lo que queda, por improbable que parezca, ha de ser la verdad».

La lógica del signo arbitrario

Ockham también es conocido por su contribución al problema de los universales. Se le suele calificar de *nominalista* como si hubiera defendido que los universales son nombres vacíos, pero en realidad sería más correcto calificar a este autor de *conceptualista,* puesto que consideraba que son conceptos mentales, más que meras palabras. La base de todo conocimiento es la experiencia que conduce a la identificación de lo singular, pero lo universal queda fuera de su alcance. Ockham profesa una opción radical por lo singular concreto y, a través de ello, de la posibilidad del conocimiento científico y, por tanto, de un universal teórico, pero no real. Lo universal tal y como lo entiende la tradición aristotélica resulta tan solo algo que se predica de muchos, y con la inconcreción no puede conocerse nada de verdad.

Sin embargo, ha pasado y sigue pasando completamente desapercibida a la historiografía ordinaria que Ockham definió el signo del mismo modo como lo haría Ferdinand de Saussure en su *Curso de lingüística general* nada menos que en 1913. La concepción semiológica de Saussure fue revolucionaria. Abrió un terreno, primero a la lingüística convencional y, más tarde, a la computacional, de enorme fecundidad. Pero no solo eso: la influencia de Saussure en la filosofía del lenguaje remató definitivamente la posibilidad de la metafísica como disciplina de conocimiento científico. La conciencia del lenguaje, el paradigma lingüístico, permitió trascender la metafísica de la presencia, lo que representó un giro copernicano en la concepción de la realidad.

Sorprendentemente, la obra cumbre de Ockcham, *Summa logicae,* está dominada por el concepto de *signo mental*. Es una filosofía del lenguaje que desarrolla una teoría del signo arbitrario. De este modo, se aleja completamente del concepto de *signo* de Agustín de Hipona, heredado por la filosofía y compartido por la tradición de la teología medieval. Para Ockham significar es remitir el signo a una realidad diferente de sí.

> «[Signo] es aquello que lleva al conocimiento de algo y está destinado a colocarse en el lugar de este algo o a ser añadido a otra proposición».
>
> Ockham, G. *Summa logica,* Libro I, 1

La lógica es la ciencia de nuestras operaciones mentales. El pensamiento constituye un lenguaje que aprehende la realidad de la subjetividad humana (el alma en su vocabulario), que se queda en la misma subjetividad y, por tanto, pierde ese realismo del mundo, esa objetividad incognoscible completamente prescindible. El signo no hace referencia a una realidad objetiva del mundo, sino a una imagen mental de la subjetividad humana. No es que la realidad no exista, sino que la manera de conocerla es mediante el diálogo entre subjetividades, con la intersubjetividad. La metafísica de la presencia presente se difiere en el tiempo y se ausenta. Un signo está en lugar de otra cosa. El humo por el fuego, por tanto, es la presencia de una ausencia: vemos el humo, pero suponemos el fuego. El humo es el fuego diferido, el fuego que ardió unos instantes antes. Así, esa seguridad vigorosa del mundo real se cae a trozos. Visto con detenimiento, este mundo que llega por los sentidos ya no existe; está diferido en nuestra mente y crea una diferencia insoslayable entre la esencia y la existencia.

Ockham distingue entre el signo arbitrario o representativo, que es oral o escrito y rememora una cosa conocida, y el natural o mental, el concepto en cuanto signo, no representativo y puramente referencial. El pensamiento es un lenguaje que no pertenece a ningún idioma. Pensar es decir algo mentalmente sobre la realidad. De alguna manera, Ockham rebate y supera la metafísica aristotélica, pero lo hace con una jerga propia del aristotelismo del tiempo. El signo no es una denotación física, sino mental.

Ockham nos previene del abuso de las palabras. El nominalismo no es un reduccionismo que considera que todo son palabras, sino que el abuso de las palabras lleva a un sinsentido. Hablar de metafísica no tiene sentido. Como diría otro gran filósofo en el siglo XX: «Sobre lo que no se puede hablar hay que callar» (Wittgenstein, L. *Tractatus logico-philosophicus*).

Critica el realismo rechazando el concepto de *naturaleza*. El ser creado se presenta en toda plenitud de su contingencia. Rechaza la naturaleza por no limitar la libertad divina.

Principios del Nominalismo

- Saber aplicar la navaja de Ockham.
- Comprensión del alcance de la semiología.
- Entender los significados como estructuras conceptuales (mapas mentales).
- Sospechar de todo lo que no sea razonable.
- Respeto de las creencias y la fe, aunque no sean razonables.

Caso de uso. Cambiar los marcos mentales

La utilización de mapas mentales, que son modelos semánticos, nos puede ayudar a la transformación de marcos mentales de los equipos de cara a la gestión del cambio. Los marcos mentales crean la realidad. Fuera de estos nada tiene significado. Con un marco mental racista, la integración racial literalmente no tiene sentido, no se puede entender. Este es un concepto de la lingüística cognitiva definido por George Lakoff. Un *frame* o marco mental es una estructura semántica, un discurso, una ideología, un modelo conceptual que hemos asumido como verdadero y que, por tanto, no cuestionamos. Estos mapas nos ayudan a formalizar los marcos mentales y a jugar con la combinatoria para explorar y entender los cambios necesarios y posibles. De la misma manera, trabajar con ellos nos ayuda en la innovación de productos o servicios, porque al final estos son estructuras de conceptos que la gente tiene y puede llegar a tener en su mente.

5. Cartesianismo: la utilidad de la matemática

> «El pensamiento es un atributo que me pertenece, el único que no puede separarse de mí. Yo soy, yo existo; eso es cierto, pero ¿cuánto tiempo? Todo el tiempo que estoy pensando: pues quizás ocurriese que, si yo cesara de pensar, cesaría al mismo tiempo de existir. No admito nada que no sea necesariamente verdadero: así, pues, hablando con precisión, no soy más que una cosa que piensa, es decir, un espíritu, un entendimiento o una razón, términos cuyo significado me era antes desconocido. Soy, entonces, una cosa verdadera, y verdaderamente existente».
>
> Descartes. *Meditaciones metafísicas,* pp. 25-26

Descartes, el cuerdo imaginario

Según el historiador Florian Cajori, Descartes popularizó el uso de la *x* como letra para designar una incógnita por culpa de un impresor desesperado. Según esta leyenda, Descartes propuso que en su obra *La Géométrie* se emplearan las primeras letras del alfabeto, *a, b, c,* para las cantidades conocidas y las últimas, *x, y, z,* para las desconocidas. Parece que el impresor de Descartes le pidió utilizar para la incógnita, ya que se repetía con frecuencia en sus textos matemáticos, aquella letra que menos se utilizaba —la *x*— para dejar libres aquellas tan necesarias y escasas, como la *a*.

Descartes es otro de los filósofos clave en la historia de la filosofía. Se trata del gran indicador del racionalismo, una corriente idealista que inaugura la modernidad filosófica. El programa de Descartes consiste en construir un saber cierto y válido universalmente, por lo que es uno de los primeros en preguntarse cuál debe ser el método de la filosofía. En su obra *El discurso del método,* escrita en francés, en vez de en latín, como habitualmente se hacía en publicaciones científicas, toma el modelo de la lógica, como ya había hecho de alguna manera Aristóteles, a través de Euclides. Su contribución más importante radica en iniciar la escuela de la sospecha, la duda metódica. Los sentidos nos engañan, así como las apariencias, los hábitos y las creencias heredadas. El filósofo ha de poner en duda cualquier verdad, para comprobar si es tal y se dará cuenta de que la gran mayoría o no son tanto, hay una verdad superior o incluso son completamente falsas. Después de la duda para encontrar la verdad, Descartes propone utilizar la intuición intelectual. Dentro de la tradición filosófica, la intuición ha sido uno de los tópicos del conocimiento como metodología básica para conseguir la certeza través de la reflexión. Hay verdades de las que uno tiene una certeza lógica e intelectual cuando las descubre, pero, además, Descartes exige que se basen en la evidencia. También la deducción racional forma parte del método cartesiano propuesto; se fundamenta en tres reglas básicas: la *regla del análisis,* según la cual los problemas se subdividen para facilitar su resolución; la *regla de la síntesis,* que aconseja partir de los problemas más simples para luego pasar a los compuestos o complejos, y la *regla de la enumeración,* que sirve como una verificación, un recuento, para revisar que ningún elemento se ha olvidado.

Descartes, quien había estado mucho tiempo enfermo, postrado en una cama, se plantea su cordura. ¿Y si un genio maligno le engañase? ¿Cómo puedo estar seguro de que existo? En su obra *Meditaciones metafísicas* explica que la base de toda certeza es el yo, la cosa pensante *(res cogitans)* o pensamiento; se trata del célebre «Pienso, luego existo». Su cordura no es imaginaria, por tanto, tampoco es un enfermo imaginario, como con Molière.

Esta certeza primigenia, racional, permite considerarlo racionalista, aunque admite que el pensamiento gestiona ideas derivadas de la experiencia, la cosa extensa *(res extensa),* cuyo atributo principal es la extensión, el ser mensurable. Asimismo, considera que existen ideas innatas, que no provienen de los sentidos, sino del interior de nuestro pensamiento, de esa sustancia infinita.

Si bien normalmente se hace mucho hincapié en el racionalismo de Descartes debido a su propuesta del método del pensamiento deductivo, otra contribución muy importante estriba en la posibilidad de matematizar la extensión. Esto significa que, en vez de alcanzar el conocimiento por un método empírico, se consiga por una alternativa modelización de la realidad física, por una simulación que nos permite, a través de la simplificación, conocer las cosas como son. Con todas las reservas posibles, la matematización de la realidad constituye una opción epistemológica nueva y radical que acabará siendo mayoritaria en el mundo científico por su capacidad predictiva. Presupone un isomorfismo entre matemáticas y realidad que somos capaces de reconocer, aunque es imposible de demostrar si no es por sus resultados. Simplemente funciona o, al menos, lo hace en la gran mayoría de los casos. Las matemáticas describen la realidad, pero tenemos la capacidad de saber que las dos cosas encajan en virtud de la medida repetida de los resultados. La simulación es considerar la realidad un mecanismo. Descartes fue mecanicista. En su tiempo la mecánica estaba por doquier, en pequeñas máquinas, como los relojes, y, por extensión, todo debía funcionar de la misma manera.

La matematización del mundo

Los avances matemáticos de Descartes no deben verse separados de su filosofía, como se suele hacer, sino, por el contrario, como una parte fundamental y muy filosófica. Al ser la naturaleza determinista, sus mecanismos pueden ser descritos o, al menos, simulados por la matemática. La relación biunívoca entre realidad y matemática, llamada *isomorfismo,* es coherente con la visión racionalista de Descartes, donde la razón constituye la única fuente fiable de conocimiento. Según él, nunca la autoridad puede ser fuente de ciencia, y antes que un empirismo propone la simulación matemática. De hecho, las contribuciones matemáticas a la geometría analítica de Descartes se encuentran en el tratado *La Géométrie* (1637), incluido en el mismo libro del *Discurso del método.* Ahí propone un sistema de resolución de problemas geométricos que llamamos *geometría cartesiana* basado en la aplicación del álgebra a las descripciones geométricas. La herencia de este enfoque permitió ulteriores desarrollos a filósofos como Newton o Leibniz. Sin embargo, no hay evidencia de que utilizara nunca los ejes cartesianos, como se le atribuyen. En la figura 16 de la reproducción francesa de 1936 de *La Géométrie,* por ejemplo, como se observa en todas las figuras, la utilización de segmentos es únicamente para tangenciales o formando un triángulo para describir intersecciones de circunferencias o parábolas; en ningún caso se encuentran reproducidos los cuatro cuadrantes de los ejes cartesianos, que ni siquiera están explicados en el texto. Se trata de una noticia falsa debida a la historiografía posterior.

Descartes y el conjunto de racionalistas de la época definieron el paradigma de una *mathesis universalis,* lo que significa que todas las leyes que rigen los fenómenos del mundo deberían reducirse a matemática como forma mecánica de explicar cómo funciona la realidad. Para el racionalismo cartesiano, la matemática es como los engranajes de la realidad. El idealismo modernista de Descartes se refiere a la idea de que las cosas que existen en el mundo de las ideas son tan reales como las cosas que experimentamos en la realidad. Fue Hegel en su historia de la filosofía quien acertadamente otorgó a Descartes el título de «padre de la filosofía moderna».

Principios del Cartesianismo

- Praxis de la duda metódica.
- Entender la división sujeto-objeto.
- Entender la capacidad reflexiva del yo.
- Práctica de la matematización del mundo.
- Utilización de la geometría para definir y comprender los problemas.
- Aplicación de la teoría de la información como marco interpretativo contemporáneo.
- Uso de la simulación previa para la resolución de problemas.

Caso de uso. La simulación del mundo

Una de las aplicaciones más importantes de la matematización es la generalización de las simulaciones y de los algoritmos predictivos. Los modelos matemáticos se emplean mucho en ingeniería y en macroeconomía, pero se pueden desarrollar para cualquier situación. Ontologías semánticas nos pueden ayudar a definir universos de simulación basados en la interacción humana y en la precomprensión del mercado. Hay muchos simuladores de negocio que se utilizan para el aprendizaje en las universidades, pero no estamos hablando de este tipo, sino de los que sirven al negocio concreto. Lo importante no es la sofisticación del modelo, sino la capacidad de predicción. Siempre se puede mejorar en sucesivas iteraciones, pero lo primero es determinar cuáles son los indiciadores clave y en qué cantidades predicen unos resultados con una exactitud superior al 90 %. Se trata de diseñar un sistema y hacerlo evolucionar en el tiempo. Por ejemplo, un nuevo cliente que hace el primer día dos compras superiores a la media puede ser un predictor de un cliente tipo A, pero además, si seguimos su actividad durante un mes podríamos predecir su valor del tiempo de vida del cliente (LTV).

6. Empirismo: la necesidad de las evidencias

> «Si procediéramos a revisar las bibliotecas convencidos de estos principios, ¡qué estragos no haríamos! Si cogemos cualquier volumen de teología o metafísica escolástica, por ejemplo, preguntemos: ¿contiene algún razonamiento abstracto sobre la cantidad y el número? No. ¿Contiene algún razonamiento experimental acerca de cuestiones de hecho o existencia? No. Tírese entonces a las llamas, pues no puede contener más que sofistería e ilusión».
>
> HUME, D. *Investigación sobre el conocimiento humano,* p. 192

Hume, el genio precoz

Hume fue un filósofo precoz: escribió su obra cumbre a los 26 años. Y, muy acertadamente, siempre reconoció que prefería jugar al billar a filosofar. De lo que no hay duda es de que fue un gran jugador de *whist,* juego de naipes muy popular en la alta sociedad de entonces que posteriormente se llamaría *bridge.* Con toda seguridad jugaba con su gran amigo Adam Smith, el mayor de los economistas clásicos, a quien influyó poderosamente. La filosofía es un juego de lenguaje.

Curiosamente, Hume, hasta cierto punto el antagonista filosófico de Descartes, estudió en el mismo colegio, en los jesuitas de La Flèche. Hume escribió en su juventud, pero con una inusitada madurez, el *Tratado de la naturaleza humana,* considerada una de las obras más importantes de la historia de la filosofía.

Su precedente, Locke, estableció el principio del empirismo: «No hay nada en el entendimiento que no haya sido recibido por los sentidos». El empirismo sostiene radicalmente que, cuando nacemos, la mente es una *tabula rasa.* Hume, quien buscaba aplicar los principios de la ciencia a la filosofía, fue extremadamente radical en su enfoque empirista. Para él, no podemos hablar de certezas absolutas o universales, sino solo de resultados probables. Para Hume las percepciones construyen las ideas simples y el pensamiento se dedica a relacionarlas según los conocidos principios de semejanza, continuidad y causa-efecto. Precisamente es en su brillante análisis de la causalidad donde queremos detenernos. Primero, para Hume la conexión causa-efecto es una mera asociación de ideas cuya única relación es que una antecede a otra, como en la semejanza, donde una se parece a otra, pero no hay una deducción lógica. La coherencia o fuerza narrativa que para nosotros posee relacionar un fenómeno anterior con otro posterior no tiene nada que ver con una necesidad lógica, y menos con una verdad universal. Hasta hoy lo vemos en correlaciones absurdas, como la curva de evolución de usuarios de Facebook, que se asemeja a la del incremento de la prima de riesgo en Grecia. Podría parecer que una determina a la otra, pero en este caso todos sabemos que no es así; sin embargo, en otros no resulta tan evidente. Hay muchos contraejemplos donde la causalidad, una relación escogida entre un antecedente y un consecuente que no está demostrada, no explica ninguna verdad. Hume es radical, y además de empirista, profundamente escéptico, pero con ánimo científico.

Afirma que no hay ninguna certeza de que el futuro se parezca al pasado, con lo que abre el llamado *problema de la inducción.* Para realizar una inferencia inductiva, no basta con confiar en que los hechos pasados puedan ayudarnos a predecir el futuro. La proposición

«Mañana saldrá el sol» es una predicción basada en el hábito del pasado del tipo «siempre fue así y siempre lo será», la ley de causa-efecto. Esta creencia puede ser aceptable dentro del ámbito cotidiano del sentido común, pero en absoluto científicamente; de hecho, hoy sabemos que nuestra estrella, el Sol, nació y morirá, por lo que, aparte de si está nublado, existe la posibilidad de que un día no haya más sol. También es verdad que resulta altamente difícil que la humanidad lo vea, pero eso ya es otra cosa; en el ámbito teórico el contraargumento es válido.

La causa contra la causalidad

Hume también aboga por la negación absoluta de cualquier tipo de sustancia y, por tanto, de la metafísica. Los humanos no tienen ninguna percepción de un objeto llamado *sustancia,* por lo que es una idea *a priori* y no puede conducir al conocimiento verdadero. La teoría de la verdad como correspondencia niega a la metafísica el poder de convertirse en ciencia. La metafísica resulta poderosa porque está conectada con la necesidad de vivir sin cuestionar esa inmediatez compartida socialmente por los sentidos, tamizada por un lenguaje común. Sin embargo, cuando los filósofos se ponen a explorar la metafísica chocan con el mismo pensamiento, contra el mismo lenguaje, que es de alguna manera la realidad misma, y ese conflicto, esa contradicción dialéctica, provoca muchas posturas en filosofía, de la misma negación a la matización o a la construcción de nuevas realidades. La metafísica es una realidad mental provocada por la necesidad de vivir con una explicación de lo que no puede demostrar la ciencia, como la concepción de Dios como última explicación de las cosas, como el yo o como sujeto capaz de conocerlo todo.

En este caso, para Hume el yo es un conjunto de ideas asociadas y crea ese efecto de sustancia, pero no es algo real. Aquí vemos una gran conexión con el nominalismo ockhamiano. La realidad y la metafísica que la describe son un efecto de significado. El yo no es algo diferente de las percepciones. El mundo como realidad subyacente es una mera suposición de ideas asociadas, y lo mismo puede decirse de Dios, que no podemos saber si existe o no. La imaginación y las creencias son poderosas en los humanos, pero con eso no se hace ciencia, conocimiento verdadero. La metafísica es imposible como ciencia.

Principios del Empirismo

- Utilización de la experimentación y la investigación.
- Uso de la metodología científica de la falsación.
- Capacidad de analizar los datos.
- Establecimiento de relaciones de hechos al margen de las narrativas.
- Cuantificación de las relaciones de hechos.
- No asunción de cosas que no estén probadas.
- Búsqueda de cómo probar las cosas.
- Testeo de todas las situaciones.

Caso de uso. Gestionar el riesgo

La utilización de herramientas matemáticas al final nos debe permitir la anticipación de los fenómenos estadísticos más improbables; es lo que normalmente se entiende como *cisnes negros*. Más allá de correlaciones estadísticas difíciles de controlar, disponemos hoy de diversas metodologías para definir la causalidad de manera bastante rigurosa, como la teoría de juegos, las inferencias bayesianas o los algoritmos de agrupación *(clustering),* como k-means++. Aplicar la probabilidad al análisis de negocio ayuda mucho para tomar decisiones y para conocer la información oculta en los datos. Los algoritmos de agrupación de datos permiten clasificar de una manera eficiente y significativa enormes conjuntos de referencias que los humanos no son capaces de realizar.

Profundizando en la cuestión de la probabilidad, su uso empresarial debe permitir una cierta volatilidad como el error y el fracaso. No debe sobreproteger a la empresa de las consecuencias de sus experimentos de negocio porque de ahí surgen los mejores aprendizajes y las mayores fortalezas. El matemático Nicolas Taleb ha llamado a esta estrategia *antifragilidad* pues evita los grandes desastres inesperados propios de los sistemas complejos. Sería como una súper resiliencia. Al igual que nuestro sistema inmune para mejorar necesita estresores, una empresa actual para ser fuerte y ágil debe asumir la gestión del riesgo y tener en cuenta siempre la probabilidad.

7. Trascendentalismo: la definición de los fundamentos

«La crítica no se opone al proceder dogmático de la razón en su conocimiento puro como ciencia (pues esta ha de ser dogmática, es decir, estrictamente demostrativa por principios *a priori*, seguros), sino al dogmatismo, es decir, a la pretensión de salir adelante solo con un conocimiento puro por conceptos (el filosófico), según principios tales como la razón tiene en uso desde hace tiempo, sin informarse del modo y del derecho con los que llega a ellos».

KANT, I. *Crítica de la razón pura,* p. 21

Kant, el pensador tardío

Kant, residente en Königsberg, cumplía la invariable ceremonia de pasear exactamente durante una hora –de cinco a seis de la tarde exactamente– haciendo siempre el mismo recorrido. Caminaba solo y procuraba evitar cualquier posible encuentro, incluso con sus amigos, para no verse obligado a hablar por educación y así conseguir mantener la boca cerrada, respirar por la nariz y evitar el posible contagio de malignos virus. Los vecinos ponían en hora sus relojes en función de su puntual paseo. Se dice que solo falló un día, ante el desconcierto de todos, que no sabían si le había pasado algo. Fue cuando le llegaron las noticias de la Revolución francesa, que le conmocionó hasta tal punto, que se olvidó de ir de paseo. Esta anécdota nos da una buena idea de qué mentalidad tenía Kant, un racionalista y pietista. A diferencia de la precocidad de Hume, Kant fue un genio tardío: publicó su obra fundamental a los 57 años.

Kant se considera un ilustrado que tiene un su cabeza un programa de progreso humano basado en el conocimiento. En su obra teórica cumbre, *La crítica de la razón pura,* realiza una poderosa síntesis entre racionalismo y empirismo. Hume ejerce una enorme influencia en Kant, como en los racionalistas Locke y Wolff, pero sobre todo en Newton, quien en aquellos tiempos aún podía considerarse un filósofo; prueba de ello es que su libro más importante se titula *Principios matemáticos de la filosofía natural,* obra que engarza mejor con la tradición iniciada por Descartes. Kant llega a una fusión y superación entre ambas corrientes antagónicas. Admite como única fuente de conocimiento la experiencia sensible, pero esta luego resulta inevitablemente procesada por las ideas innatas que hay en nuestra mente. Las ideas que preexisten ordenan los datos recibidos del mundo de la experiencia. Esta idea es muy original y se asemeja a las teorías contemporáneas de la competencia lingüística o de la precomprensión hermenéutica, que identifican que todas las personas adultas tienen un acerbo lingüístico de creencias, juicios e ideas que conforman su visión del mundo y que inevitablemente todo se interpreta a través de él.

Los límites de la racionalidad

Las percepciones son fuente de saber y *a posteriori* porque antes subyace el sujeto con su estructura mental previa *a priori* que organiza toda la experiencia. Estas impresiones sensibles constituyen el contenido de todo saber. Luego, categorías como el tiempo y el espacio, que son *a priori* y, por tanto, innatas, clasifican la información sensible. Es el entendimiento el que realiza ese segundo proceso de conceptualización de los fenómenos de la realidad.

Esto lo describe en la parte de su obra titulada *Estética trascendental,* que no tiene nada que ver con la belleza, sino más bien con la sensibilidad, con la capacidad de interpretar los sentidos. Las categorías newtonianas del tiempo y del espacio estructuran la realidad, son sus continentes. El entendimiento se estudia en la «analítica trascendental» y se encarga de realizar una organización ulterior de los datos del mundo según las categorías de cantidad, cualidad, relación y modo, que permiten elaborar hasta doce tipos de juicios diferentes. Los juicios son predicamentos sobre la realidad, enunciados con pretensión de ser verdaderos para generar conocimiento científico. Kant realiza una brillante crítica a su apreciado Hume respecto a la causalidad, pues considera que es algo *a priori* que organiza los hechos concretos que se derivan de la experiencia pero que no están en ella; por eso, la causalidad puede ser una relación de ideas derivadas de hechos, aunque esté equivocada.

Fuera del saber propio de la ciencia queda la «dialéctica trascendental», que se ocupa de la razón y del razonamiento, que son también *a priori* y se encargan, en vez de los fenómenos propios de la naturaleza, de los noúmenos o sustancias propias de la metafísica, como Dios, el alma o el mundo. Kant delimita los límites de lo que podemos conocer: solo podemos conocer los fenómenos; los noúmenos son incognoscibles científicamente, pero existen, tenemos conocimiento no científico de ellos. Precisamente el saber que tenemos es antinómico, es decir, podemos decir una cosa y la contraria sin saber si es verdad o no: Dios existe o Dios no existe; no tenemos ni pruebas ni argumentos suficientes.

La metafísica es un saber que afecta mucho a la práctica porque se trata de creencias muy arraigadas en los seres humanos, pero de ninguna manera pueden ser objeto de la ciencia. Las sustancias no existen en la realidad, pero sí en la mente humana. Es un saber no científico. Curiosamente ciencia y razón se oponen en Kant, porque para él razón es razón pura, abstracta, es decir, no contaminada por las percepciones que provienen del mundo de la experiencia. Es la misma razón pura la que establece las sustancias. En su libro *Prolegómenos a toda metafísica futura que pueda presentarse como ciencia* explica que la metafísica no puede ser trascendente, en el sentido de que no puede existir fuera del mundo definido por la ciencia, pero sí trascendental. *Trascendente* se refiere a las cosas que se hallan más allá de los límites de la conciencia y del conocimiento; por tanto, las sustancias de la metafísica no pueden conocerse científicamente, no hay ciencia de lo trascendente, de lo paranormal, de lo parafísico, de los universales. Sí puede, en cambio, haber ciencia de lo trascendental, de las condiciones de posibilidad del conocimiento *a priori*. Y la respuesta es que lo único cierto de la metafísica, es que no es un saber, sino un arte; en sentido amplio, una ideología o una religión. Kant lo llama *ilusión trascendental*. Sin embargo, esta creencia tiene una fuerza muy grande en la esfera práctica, ética o política.

Principios del Trascendentalismo

- Práctica de la crítica racional con argumentos sobre la duda.
- Los dogmas como primer foco de la crítica.
- Definición del alcance de nuestros problemas.
- Entender la diferencia entre los datos *a priori* y *a posteriori*.
- Aprender a resolver las antinomias.

Caso de uso. Despersonalización de la crítica

La actitud de sospecha constante, no solo ante las personas, sino principalmente ante los hechos del mercado, a través de la duda metódica y la crítica argumentada, es un aspecto esencial de la actividad de un directivo. La capacidad de hacer una crítica global a un conjunto de fenómenos que pueda crear una nueva visión sobre un aspecto estratégico resulta crucial. La crítica es una herramienta poderosa que se debe sustentar sobre argumentos válidos bien construidos. Otra cosa bien diferente es cómo se comunica la crítica, pues si no se hace de manera positiva y asertiva será difícil que sea aceptada y comprendida.

La reflexión sobre los límites de lo que somos capaces de comprender en un contexto determinado y sobre cuáles son las condiciones necesarias para el entendimiento de ese contexto trascendental son actividades propias de los directivos de alto nivel. Hay que ser capaces de saber los límites y los principios que rigen un negocio. La crítica construye el criterio.

8. Historicismo: la construcción del relato

«Contribuir a que la filosofía se aproxime a la forma de la ciencia, a la meta que pueda dejar de llamarse *amor por el saber* para llegar a ser saber real: he ahí lo que yo me propongo».

HEGEL, G. W. F. *Fenomenología del espíritu,* p.9

Hegel, el filósofo máximo

En los últimos años de su vida, Hegel impartió clases en la Universidad de Berlín y sus cursos alcanzaron tal fama que las aulas donde enseñaba estaban siempre abarrotadas de estudiantes procedentes de todos los rincones de Europa. Causaba furor entre sus contemporáneos, pero no todos estaban encantados con él. Si a alguien le repateaba la fama hegeliana fue al también filósofo Arthur Schopenhauer, quien intentó ganarle «clientela» impartiendo sus clases exactamente a la misma hora que las de Hegel y las anunciaba con el eslogan: «Enseñamos toda la filosofía y la teoría del carácter del mundo y del espíritu humano». Por supuesto, se trataba de una burla de la obra de Hegel, pero eso no impidió, muy a pesar de la contraprogramación de Schopenhauer, que sus clases continuaran siendo las más concurridas. La historia de este antagonismo continuó hasta 1831, cuando Hegel murió de cólera. La profunda envidia que Schopenhauer sentía por su antagonista está presente por toda su obra. Este es un claro ejemplo de ello: «Estaría bastante en lo cierto si afirmase que la así llamada *filosofía* de este Hegel es una colosal mistificación, que proveerá a la posteridad con una inagotable fuente de risas a costa de nuestro tiempo, que es una pseudofilosofía que paraliza la mente, asfixia todo pensamiento real y, mediante el más inaceptable uso del lenguaje, pone en su lugar la cháchara más vacía, sin sentido, sin pensamiento, y, como ha sido confirmado por su éxito, la que mejor consigue». Sin despreciar la grandeza del pensamiento de Schopenhauer, Hegel es el gigante de la filosofía.

Hegel es, después de Aristóteles, el filósofo que mayor influencia ha ejercido en la historia de la filosofía. Al igual que sin el aristotelismo es imposible entender la filosofía antigua y medieval, el hegelianismo resulta crucial para comprender la filosofía moderna y contemporánea.

Después de la muerte de Hegel hubo un debate sobre si su filosofía era compatible con la fe cristiana. Esto ocurrió a partir de la polémica suscitada tras la publicación de la obra *La vida de Jesús,* de su discípulo David F. Strauss, cuando se empezó a hablar de *hegelianos de derechas* y *hegelianos de izquierdas*. De izquierdas serían el mismo Strauss, así como Ludwig Feuerbach, Bruno Bauer o Marx, y de derechas, Carl Friedrich Göschel o Hermann Friedrich Wilhelm Hinrichs.

Si hay una palabra que define a Hegel es *ambición*. No existe mayor ni más profundo sistema filosófico en la historia que haya pretendido explicar toda la realidad. Tenemos dos obras fundamentales: *Ciencia de la lógica* (que no hay que confundir con la versión abreviada incluida en *Enciclopedia de las ciencias filosóficas*), que define la estructura de la realidad, y *Fenomenología del espíritu,* una historia conceptual de la humanidad. Desde mi punto de vista, Hegel no es ese filósofo complicado, como se le suele calificar. Resulta difícil porque tiene un extenso vocabulario, muy suyo, que hay que aprender antes de abordar su obra, pero al final es muy simple. Mucho más complejo resulta leer a Sartre, quien solo estaba satisfecho de lo que escribía cuando no lo entendía ni él.

Hegel inventó de manera brillante, siguiendo los pasos de Fichte, un nuevo tipo de lógica en su *Ciencia de la lógica,* que, sin lugar a duda, es la obra cumbre de toda la historia de la filosofía. Su originalidad se basa en la introducción de la contradicción en la teoría del conocimiento. Aderezar la quietud del flujo de la lógica deductiva con el conflicto, con el antagonismo de los contrarios, le da una fuerza productiva renovada. El conflicto reconducible o superable constituye el fundamento de los grandes progresos sociales. Hegel se inspiró en la visión ontológica de Heráclito, quien veía la realidad como una lucha de opuestos y un flujo constante; así, hablaba de *panta rei* (todo fluye) cuando decía que no se puede uno bañar dos veces en el mismo río para reflejar el devenir del logos en tanto que evolución del mundo y en la unidad de los opuestos. Del mismo modo, la lógica hegeliana que prescinde del principio de no contradicción crea una enorme ganancia en comprensión. En lógica el principio del tercero excluido, algo o *es A o no es A,* es la proposición que quiere rechazar la contradicción y, al hacerlo, incurre precisamente en una: A debe ser *+A o –A,* con lo que ya queda introducido el tercer término, *A,* que no es *ni + ni –* y, por tanto, ni es *+A* ni *–A.* Una cosa es ella misma y no es ella porque en realidad toda cosa cambia y se transforma en otra. Al final, *A* está tanto en *+A* como en *–A.* Para Hegel, esta argumentación muestra las limitaciones de la lógica formal y permite la construcción de una nueva lógica dialéctica que atiende a lo concreto y no a lo abstracto, como en Aristóteles. Las cosas son contradictorias en sí mismas, y ese antagonismo inicial es una energía potencial creadora de estados nuevos. Las cosas pasan de la oposición a la unidad a través de un proceso de superación.

La dialéctica hegeliana es un instrumento para entender el cambio, las transformaciones lógicas o sociales, pero no se trata de una lógica dialéctica formal, sino real. Para Hegel, la metafísica es dinámica y real, pero se trata de una metafísica poskantiana, en el sentido de que Hegel asume, no tanto la constatación de la imposibilidad de la metafísica que se encuentra en la dialéctica trascendental, sino la transformación de la metafísica en lógica que se halla en la analítica trascendental de Kant. La dialéctica hegeliana trata de las sustancias de la metafísica con una lógica que parte de los juicios posibles mediante la lógica definida por Kant en la analítica trascendental reformulada por Fichte de manera sublime.

Las sustancias se transforman, al igual que ocurre en la física atómica con la energía nuclear. La división de los núcleos de dos átomos pesados genera una cantidad enorme de nueva de energía. En la lógica hegeliana, su dialéctica debe interpretarse como algo parecido. La metafísica de Hegel es dinámica, historicista, describe la evolución del Ser. En la parte titulada *La doctrina del ser* de *Ciencia de la lógica,* el Ser y la Nada son la primera contradicción lógica que se supera en una nueva unidad llamada *Devenir.* La contradicción es el motor de los fenómenos reales. La unión de un hombre y una mujer genera nuevos seres humanos.

Si la lógica es la primera parte del sistema, la más abstracta y metafísica, sus siguientes obras forman parte del mismo proyecto y resultan complementarias, aunque al ser historicistas son más concretas y pueden considerarse aplicaciones de su lógica dialéctica. Estamos hablando de *Lecciones sobre la filosofía de la historia universal, Lecciones sobre la historia de la filosofía* o *Lecciones sobre la historia de la religión.* En palabras de Hegel, la filosofía es historia, pensamiento que se piensa a sí mismo.

El historicismo es el método adecuado para el estudio de la sociedad y de la filosofía. Donde vemos su máximo esplendor es en su segunda obra más influyente: *Fenomenología del espíritu,* donde traza una auténtica parusía del espíritu, como si fuera el desarrollo de un organismo vivo, como proceso necesario de autorrealización de la razón misma. El esquema teórico de esta obra dibuja una dialéctica del espíritu que evoluciona a través de formas culturales históricas y tiene una estructura equivalente a la teleología cristiana. El saber absoluto de Hegel es formalmente igual a salvación de la humanidad por parte de Dios. La fenomenología describe la vida del espíritu humano, de la humanidad, desde su origen hasta su final. De esta manera, se justifican todos los conflictos y desmanes de la historia porque se dan para conseguir el fin supremo del bien universal al final de la historia.

Marx, el anverso de Hegel

Esta fenomenología del espíritu es invertida por el hegeliano Marx. En vez de ser el espíritu el que determina los diversos estadios de la conciencia, es la materialidad económica la que determina los diversos modos de producción. La lucha de clases de Marx no es más que la transposición de la contradicción entre opuestos propia de la dialéctica hegeliana. La teleología cristiana, la dialéctica hegeliana y el materialismo histórico marxiano son estructuralmente isomorfos. El comunismo no deja de ser otra cosa que el equivalente del saber absoluto hegeliano. Los dos estadios finales de Hegel y Marx, como la salvación de la humanidad, son únicamente ideales regulativos, estímulos para determinar la acción humana concreta y justificar todos los desmanes intermedios. Solo el viaje es verdadero y tiene sentido por su final; la historia tan solo tiene estadios intermedios que deben ser superados. Al idealismo hegeliano se le opone el materialismo marxiano, pero comparten idéntica lógica.

Aparte de esta teleología socialista que Marx aportó al debate político de su tiempo, resulta mucho más interesante su pensamiento social (económico-filosófico). Primero hay que realizar una profilaxis intensa para entender al Marx original, despojándolo de todas las capas de interpretaciones aberrantes del marxismo de toda índole y del propio Engels y dejando de lado los opúsculos políticos oportunistas. La mayor contribución de Engels fue su obra *La situación de la clase obrera en Inglaterra,* donde denunció las pésimas condiciones de los obreros de su tiempo. Engels compuso, organizó y editó algunas obras de Marx, pero fue tan excesivo su celo en que fueran comprensibles, que dejó fuera de las ediciones las contribuciones más originales. Este es el caso, en su mayor parte, de su obra principal, *El capital.* Sin embargo, debe considerarse que la obra magna de Marx es *Grundrisse,* sus apuntes para *El capital* sin intervención de Engels. Marx leyó *Ciencia de la lógica,* de Hegel, justamente al escribir *Grundrisse,* y se puede comprobar una vez más cómo utiliza la filosofía hegeliana en sentido materialista. Según las indicaciones de Enrique Dussel y de Roman Rosdolsky, se pueden encontrar los conceptos equivalentes de «la doctrina del ser» y «la doctrina de la esencia» de *Ciencia de la lógica,* de Hegel, en Marx. Por citar los conceptos fundamentales, el Ser podría ser el valor; el Ente o Existir, la mercancía; la Medida, el dinero, y la Esencia, el capital. La creación de valor mediante el trabajo humano se realiza en la mercancía, que, a su vez, se convierte en dinero en el proceso de circulación y, finalmente, en capital cuando se invierte en una nueva producción en vez de en renta. Este desarrollo económico es una transposición de la dialéctica de la lógica hegeliana operada por Marx. La originalidad de la propuesta de la teoría del valor marxiana es que solo las personas crean valor añadido, no la tecnología o el capital, aunque sean necesarios en la producción, y que el dinero es una relación de poder asimétrica. Especialmente, la teoría del valor del trabajo de Marx está construida sobre la convicción de que una parte del valor en tiempo de trabajo, que se incluye necesariamente en la producción de una mercancía, no queda remunerada para los trabajadores de las fábricas del capitalismo industrial, pues se les ha contratado por un salario que únicamente les permite su reproducción material, es decir, su mera supervivencia. Este análisis abre la puerta a que la clase obrera pueda tener su propia lógica económica y política, independientemente del capital, y así pensar en su propia autovalorización, siempre que sea socialmente capaz de apropiarse de los medios de producción. Posteriormente, después de muchos desmanes del marxismo, podemos constatar que los mayores éxitos para la prosperidad de la clase obrera fueron los que empujaron a construir un estado social del bienestar dentro del sistema capitalista, más que los procesos revolucionarios socialistas, que acabaron con una pauperización extrema de toda la población.

En conclusión, para Marx la filosofía debe ser práctica y emplearse para aprovechar el conflicto social y lograr un cambio político, aunque él prácticamente no participó activamente en los movimientos sociales: no se movió del escritorio G7 de la biblioteca del Museo Británico, donde dedicó gran parte de su vida al estudio y la escritura.

Principios del Historicismo

- Saber construir y deconstruir narraciones.
- Saber reconocer las estrategias de los metarrelatos.
- Capacidad de diseñar narraciones evolutivas basadas en eventos y fases.
- Habilidad para utilizar el conflicto como medio de resolución de problemas.

Caso de uso. La batalla por el relato

La narratividad es muy importante en la actividad de las empresas. La definición de relatos coherentes y auténticos supone un arma vencedora. El control por el relato respecto a la competencia a todos los niveles, sea como imagen corporativa o posicionamiento del producto *(employer branding)*, es una actividad estratégica. Del mismo modo, es importante saber deconstruir los discursos de los demás para entender sus puntos débiles o reconstruir alternativas mejores para nosotros.

El *storytelling* es la construcción del propio discurso organizacional. Es el que define la cultura empresarial y la evolución de esta, desde sus orígenes a través de sus etapas más significativas y es una parte esencial de la visión y de la misión. No es algo accesorio. Es una definición estratégica del propósito de la organización. Se trata de la filosofía de empresa que todo directivo debe saber desarrollar.

9. Existencialismo: la razón de ser

«El filosofar es el extraordinario preguntar por lo extraordinario [...] no se halla en el camino que transitamos [...] tampoco reside en el círculo de los modos del cuidar o satisfacer necesidades dominantes. Está fuera de lo ordinario».

HEIDEGGER, M. *Introducción a la metafísica,* p. 51

Heidegger, el poeta de la metafísica

Se cuenta que Karl Jaspers, gran amigo de Martin Heidegger, preguntó a este en 1933: «¿Cómo puede gobernar Alemania un hombre inculto como Hitler?», a lo que le contestó: «La educación es algo totalmente indiferente. ¡Vea usted sus maravillosas manos!» (de *Martin Heidegger/Karl Jaspers. Correspondencia 1920-1963*). Heidegger se refería a la capacidad de oratoria y gesticulación de Hitler, quien seducía por igual a tipos de personas cultas o incultas porque apelaba al resentimiento por la humillación de los aliados a Alemania y clamaba por la misión de crear una gran Alemania de nuevo. Heidegger tenía razón sobre las habilidades de Hitler, pero estaba equivocado al apoyar la sinrazón del sanguinario dictador. Los dos amigos siguieron carteándose, pero no se vieron nunca más. Jaspers fue el gran filósofo de la reconstrucción alemana posnazi, y sobre Heidegger se cernieron las sombras sobre cuán profunda fue su vinculación con el nazismo, especialmente por su discurso del rectorado «La autoafirmación de la universidad alemana», del 27 de mayo de 1933. Sin embargo, nunca debe interpretarse una obra a través de la biografía de su autor. Heidegger fue un alemán que se dejó arrastrar por los sentimientos nacionalistas y que prefirió no emigrar a EE. UU. como otros, pero no se implicó en cuestiones políticas. Su obra, altamente teórica, no tiene nada que ver con la política, y menos con el nazismo, y es una de las más relevantes de la historia de la filosofía. En comparación, el italiano Giovanni Gentile, aunque también fue un gran filósofo, estuvo completamente implicado con el fascismo italiano; tanto, que llegó a escribir obras con el mismísimo Benito Mussolini. Soy de la opinión de que hay que leer obras de todo signo, especialmente las que parecen contrarias a nuestras posiciones, para crear nuestro propio criterio. No debemos tener miedo a leer a nuestros enemigos, pues quizás descubramos que somos parte de ellos.

El abismo de la ausencia de fundamentos

Heidegger es un filósofo complejo, pero no porque su lenguaje sea difícil, sino muy ambiguo, expresamente literario, y, a menudo, inconclusivo. Lo consideramos un filósofo existencialista. La existencia es uno de sus objetos de estudio principales de la metafísica. Søren Kierkegaard fue el filósofo precursor del existencialismo. Su pensamiento se definió por oposición a Hegel. Kierkegaard pensaba que el individuo continuaba siendo algo importante, a diferencia de la propuesta hegeliana de un devenir ciego de la humanidad donde el individuo es tan solo una pieza, un pasajero. Para Kierkegaard el protagonista de la realidad es la existencia del individuo que lucha por su vida con el ejercicio de su libertad, superando la angustia vital y la conciencia de la brevedad humana. Heidegger retoma esta posición, pero realiza una reflexión metafísica ulterior de primer orden utilizando el método de la fenomenología que aprendió de su maestro Edmund Husserl. La fenomenología estudia el mundo desde el punto de vista subjetivo, observando cómo las personas experimentan los fenómenos que provienen de la experiencia para construir el conocimiento verdadero. Es un método descriptivo que ha tenido relativo éxito en psicología que intenta acercarse a la realidad olvidando momentáneamente lo aprendido (es lo que se llama *epojé* o *suspensión de la cotidianidad*) para mirar las cosas como si fuera la primera vez y darse cuenta de los detalles de la manera más objetiva posible.

Aristóteles tuvo una gran influencia en el joven Heidegger, aunque la lectura que hace del clásico está liberada de toda la reinterpretación de la escolástica medieval. Buscando al Aristóteles auténtico, encuentra a un Aristóteles que tiene algo que decir en el siglo XX. Fijándose especialmente en los escritos lógicos y metafísicos del estagirita, considera que teoría y práctica estaban juntas y que los intérpretes escolásticos las separaron equivocadamente.

Siguiendo esta interpretación, Heidegger piensa que la existencia humana (el *Dasein,* en alemán) es un Ser-ahí, en el sentido de un sujeto histórica y concretamente determinado, es teórico y práctico al mismo tiempo. Heidegger habla del cuidado del Ser para sintetizar los contrarios, donde la palabra *cuidado* aquí sustituye la prudencia aristotélica. En su obra más importante, *Ser y Tiempo,* encontramos el desarrollo de su concepción de la existencia humana. El ser humano se hace a sí mismo, construye su propio ser. Aquí ser-ahí y hacer, el existir humano y el obrar, son lo mismo. La existencia es finitud y acción. Heidegger habla del ser humano y de la sociedad humana como un Ser-en-el-mundo, un Ser-técnico, y también un Ser-por-hacerse y un Ser-para-la-muerte. La conclusión es que el Ser-en-el-mundo debe enfocarse en vivir una existencia auténtica.

Heidegger reinterpreta la metafísica aristotélica diciendo que el olvido del Ser es el rasgo fundacional de la metafísica occidental, es decir, que, cuando se habla en griego de *to on,* se está hablando del Ente y no del Ser, de la sustancia o del fundamento, y no del Ser, de la realidad misma, de ese mecanismo que permite existir a algo que tiene una sustancia. Heidegger se propone contestar a la pregunta del Ser: ¿qué es el Ser? ¿Cuál es su sentido? ¿Por qué el Ser y no la Nada? Busca saber el Ente en cuanto Ente en vez del Ser en cuanto Ser. El Ser se ha olvidado porque se lo ha confundido con el Ente, con la verdad de correspondencia, con la presencia. Bien al contrario, para Heidegger la verdad es desvelamiento de lo olvidado; el Ser es el presentarse de la presencia, es lo que da existencia al Ente, a lo existente. A la verdad se llega mediante el lenguaje, cuya función es dejar ver aquello de lo que se habla, manifestarla, hacerla presente, volviéndola accesible y haciendo posible el diálogo. El ente es lo que existe, la presencia, y ser es la característica de la existencia, el acto de presentar.

> «El ser es el único y auténtico tema de la filosofía».
>
> HEIDEGGER, M. *Lección,* 1927.

Un desarrollo radical del método de la fenomenología le permite centrarse en el desmontaje de las teorías filosóficas tradicionales, siendo la metafísica de la presencia el ejemplo más claro. El concepto de *temporalidad* en Heidegger es muy original porque rompe esa pretensión de la metafísica, en cuanto filosofía primera, de fundamentar todo conocimiento sobre los sólidos cimientos de la presencia en cualquiera de sus interpretaciones de sustancia o de ente. Él propone que en el presente viven el pasado y también el futuro. El presente no es una entidad absoluta, pues contiene la ausencia del pasado y del futuro, pero esa presencia de una ausencia nos condiciona el presente, y la manejamos como un recurso del presente. En otras palabras, la historia no es un lugar donde estamos, sino lo que somos. Si la presencia no es del todo presente, quiere decir que no se puede fundamentar una metafísica sobre ella. El Ser hace que la presencia sea un presentarse constante, una diferenciación ontológica entre ser y ente. En palabras de Derrida, la presencia está siempre diferida, y su presentarse o manifestarse en el lenguaje no se refiere a una identidad, sino a una diferencia. El ente es lo que está presente, lo que existe, mientras que el Ser es el movimiento de presentar, es la existencia misma, que no puede existir en términos absolutos porque no está presente, pero hace posible lo existente.

Esta interpretación de Heidegger da vértigo. El presente no está completamente presente y la presencia no es plena del todo. Es como si el fundamento de la realidad, ese suelo sólido, marmóreo, ese tiempo inexorable sobre el que vivimos desde que nacimos, se hubiera convertido de pronto en un agujero negro. En *Identidad y diferencia* nos lanza completamente al abismo con su «paso atrás»:

> «La diferencia entre ente y ser es el ámbito dentro del cual la metafísica, el pensamiento occidental en la totalidad de su esencia, puede ser lo que es. El paso atrás se mueve según esto, desde la metafísica hasta la esencia de la metafísica».
>
> HEIDEGGER, M. *Identidad y diferencia,* p. 115

El pensamiento de la diferencia ontológica conduce a lo no pensado, a lo impensado o a lo no preguntado. Nos lleva fuera de la filosofía, al menos, de la filosofía primera. Lo que quiere decir Heidegger es que la metafísica se ha ocupado del ente, de lo existente, pero a él le interesa lo anterior, que es el Ser, que siempre se ha olvidado. Es como afirmar que le preocupa la esencia de la esencia, la producción de los entes por parte del Ser. Pero a medida que desarrolla su pensamiento, Heidegger pasa de su interés por el Ser a la misma diferencia entre Ser y Ente. Ocuparse por el Ser supone interesarse por la identidad, pero precisamente Heidegger se da cuenta de que esa unidad de la identidad es en realidad una diferencia: «*A es A* no solo dice que todo A es él mismo lo mismo, sino, más bien, que cada A mismo es consigo mismo lo mismo» (*Identidad y diferencia,* p. 63). Por tanto, Heidegger descubre después de dos mil años de metafísica de la presencia que debemos ocuparnos de su esencia, que ha estado oculta y olvidada y que es concretamente donde reside cualquier resquicio de verdad. El fundamento de la mentalidad occidental y de su ontoteleología (su realidad y su destino) se constituyó con la metafísica de la presencia, pero si damos un paso atrás para descubrir su esencia, para saber de dónde surgió, nos encontramos ante el abismo de lo no pensado, con lo que de pronto se convierte en el único propósito de la filosofía.

En relación con la diferencia ontológica, Heidegger señala que el Ser se manifiesta como lenguaje abriéndose a una concepción metafísica posmetafísica dotada de conciencia lingüística; de hecho, en sus últimas obras adopta un lenguaje poético porque le parece el más apropiado para expresarlo.

La metafísica o filosofía primera es la cumbre de la filosofía porque intenta establecer más allá de la lógica unos principios para poder explicar qué es la realidad, pero resulta fruto de muchas confusiones.

To on («lo que es», «la realidad», «la existencia», «el ser») se traduce en el latín de la escolástica medieval como *ens* («ente» u «objeto», aunque no es una buena traducción), *ousia* como *substantia* («sustancia») y *einai* como *quidditas* («esencia»). Probablemente tampoco son buenas traducciones, pero está claro que por una parte hablamos del Ser como realidad (existencia, presencia) y, por otra, como sustancia o esencia en cuanto características comunes que definen los objetos reales o las categorías que los clasifican. Los entes serían las cosas que existen o que pueden existir, los objetos reales, incluyendo a las personas como caso especial. Todos son conceptos muy ligados a la gramática, a los tiempos del verbo ser: infinitivo, participio y gerundio. Esa ignorancia del lenguaje como algo inseparable de la misma reflexión filosófica, esa falta de conciencia lingüística que con McLuhan podríamos expresar como que «el medio es el mensaje», escribe las más bonitas páginas de la filosofía y las más profundas teorías.

Como estamos viendo, la historia de la filosofía resulta bastante destructiva consigo misma. Los autores niegan el derecho a existir a la metafísica o la reinterpretan radicalmente. En los siglos XVI y XVII nació una disciplina que intenta sin demasiado éxito separarse de la filosofía llamada *ontología*. Esto sucedió en la época en la que se establecieron muchos saberes con pretensión de ciencia, algunos, por ejemplo, la teosofía, cayeron en el olvido, mientras que otros, como la antropología, siguieron su curso hasta hoy. La ontología fue un intento fallido de crear de la metafísica una ciencia. Ante aquellos que despreciaban la metafísica como un saber no científico, otros intentaron convertirla en una ciencia. Quizás el culmen de esta tendencia sea Wolff con su obra *Philosophia Prima, Sive Ontologia* (1730), donde desarrolla un tratado de ontología científica expuesta según el método de Euclides, geométrico-deductivo, que influyó poderosamente en Kierkegaard, Fichte, Hegel y Kant; no en vano este último lo consideraba «el mayor de todos los filósofos dogmáticos». Sin embargo, el programa científico de la ontología fracasó y pasó a ser una parte de la metafísica o un sinónimo de su parte más general. La superación de la metafísica por parte de Heidegger abrió un nuevo terreno para la filosofía que desarrolló el posestructuralismo.

Principios del Existencialismo

- Entender la responsabilidad que supone ser humano.
- Ser auténtico.
- Entender la finitud.
- Entender que el lenguaje está hecho para mentir.
- Dominar el discurso de la ambigüedad.
- Tener la capacidad de reinterpretar todos los argumentos en contra.
- Buscar siempre las condiciones de posibilidad.
- Entender la identidad y la diferencia.

Caso de uso. La esencia del directivo

La autorreflexión individual de un directivo le lleva al desarrollo de su autenticidad. A encontrar el propio estilo de dirección, la visión y la utilidad mirando al horizonte y convirtiéndolos en una misión social. Entender el propósito de la existencia tanto del individuo como de la empresa es fundamental antes de establecer cualquier estrategia. Hay que entender que mientras muchos mensajes en la gestión deben ser claros y concisos, las cotas más altas de comprensión tienen que lidiar con cierto nivel de ambigüedad porqué en su apertura está su potencia.

Ya se han visto otro tipo de herramientas cuantitativas y precisas que sirven para otros objetivos igualmente importantes, pero la reflexión hace parte de la elasticidad de las capacidades filosóficas que nos permiten ganar perspectiva ampliando el horizonte de lo que debe hacerse. También profundizar en la comprensión no evidente de los mecanismos que subyacen el fracaso y el éxito empresarial.

10. Estructuralismo: la física de las interacciones

«Para merecer el nombre de estructura los modelos deben satisfacer exclusivamente cuatro condiciones. En primer lugar, una estructura presenta un carácter de sistema. Consiste en elementos tales que una modificación cualquiera en uno de ellos entraña una modificación en todos los demás. En segundo lugar, todo modelo pertenece a un grupo de transformaciones, cada una de las cuales corresponde a un modelo de la misma familia, de manera que el conjunto de estas transformaciones constituye un grupo de modelos. En tercer lugar, las propiedades antes indicadas permiten predecir de qué manera reaccionará el modelo, en caso de que uno de sus elementos se modifique. Finalmente, el modelo debe ser construido de tal manera que su funcionamiento pueda dar cuenta de todos los hechos observados».

LÉVI-STRAUSS, C-L. Antropología estructural, p. 301.

Lévi-Strauss, el filósofo que se aburría

Claude Lévi-Strauss fue un destacado antropólogo y etnólogo francés, quien, a pesar de haber estudiado filosofía en La Sorbona, donde fue compañero de Maurice Merleau-Ponty y amigo de Jean-Paul Sartre y Simone de Beauvoir, confesó que ese estudio le aburría enormemente, pues consideraba el discurso filosófico artificial y esnob. Trabajó como profesor de filosofía de bachillerato por necesidad crematística, pero le horrorizaba la idea de pasar el resto de su vida atrapado en la palabrería de los filósofos. Un día le ofrecieron formar parte de la misión universitaria francesa en Brasil como profesor de sociología en la Universidad de Sao Paulo y se fue, lo que dio un vuelco completo a su vida. Allí organizó varias expediciones etnográficas al Mato Grosso y a la Amazonia. Así se convirtió en etnógrafo, etnólogo y antropólogo. Años más tarde en Nueva York conoció a Roman Jakobson, quien lo introdujo en la lingüística estructural de Saussure. En 1959 consiguió la cátedra de Antropología social en el College de France y, desde entonces, este filósofo antifilósofo que abandonó la filosofía —como muchos otros antes que él— para emprender una antropología estructural tuvo una influencia radical y profunda en todo el pensamiento contemporáneo.

No tenemos conciencia de la inmensa influencia que el estructuralismo ha conseguido en la sociedad. Cualquiera de nosotros tiene perfectamente clara la noción de *estructura* y la utiliza profusamente, pero nunca fue así antes de la década de 1960. Esto sucede porque el estructuralismo es una concepción teórica que se diseminó con fuerza y rapidez en todas las ciencias sociales y en la filosofía, con decenas de autores importantes que contribuyeron a su desarrollo.

Se habla de un *estructuralismo científico,* representado por Lévi-Strauss, Algirdas Julius Greimas en semiótica y Jean Piaget en psicología; se distingue un *estructuralismo cultural* en semiología aplicada y en análisis literario y poético con Roland Barthes, Gérard Genette, Tzvetan Todorov o Michel Serres, y se destaca un *estructuralismo filosófico* en Louis Althusser, Foucault, Jacques Derrida o Jacques Lacan.

La obra *Antropología estructural,* de Levi-Strauss, publicada en 1958, daría el pistoletazo de salida al estructuralismo, pero esta corriente no puede entenderse sin considerar como inspirador y precedente preferente la obra de Saussure *Curso de Lingüística General,* de 1916, que inicia la lingüística estructural, que continuará posteriormente con Jakobson, Louis Hjelmslev y Émile Benveniste. La teoría del signo de Saussure, que distingue entre un significado como concepto mental y un significante como imagen acústica, influye en todas las aplicaciones del estructuralismo. Greimas, por ejemplo, desarrolla una sofisticada semántica estructural.

El estructuralismo, como su nombre indica, se basa en el concepto de *estructura,* un conjunto de relaciones que mantienen unidas las partes de un todo que forma una unidad. La estructura de una casa son las vigas. La diferencia con el concepto de *sistema* radica en que en la estructura debe haber partes invariantes que permanezcan idénticas en una transformación. En cualquier caso, en los países anglosajones se desarrolló más la teoría de sistemas, que tiene mucho en común con el estructuralismo, por ejemplo, es célebre la definición de Ilya Prigogine de las estructuras disipativas dentro de una teoría de sistemas termodinámicos.

La tabla periódica de los elementos o el sistema estándar de partículas subatómicas son buenos ejemplos del concepto de *estructura.* La obra de Lévi-Strauss estudia las estructuras de parentesco que definen las relaciones familiares. El formalismo de la antropología estructural tuvo gran éxito y se exportó a muchas disciplinas y, aunque el estructuralismo como tal desapareció a finales de la década de 1970, fue porque ya era parte integrante del saber. Uno de los libros más exitosos, *La estructura de las revoluciones científicas,* del filósofo de la ciencia Thomas Kuhn, ha tenido una enorme influencia en la filosofía y en las ciencias sociales. Habla del cambio de paradigmas científicos, que surgen siempre desde la periferia hasta que llegan a estandarizarse, superando enormes ataques por parte del paradigma dominante, como pasó con la teoría de la relatividad de Einstein.

El estructuralismo aporta dos grandes ideas al pensamiento contemporáneo, desplazando la metafísica de la presencia para siempre: todo son interacciones y todo es lenguaje. En vez de ver sustancias y objetos en la realidad, ve relaciones. Respecto a los eternos dilemas filosóficos de sujeto y objeto, encontramos a autores hablando de *intersubjetividad,* como Emmanuel Lévinas. Como ocurre con la mecánica cuántica, las interacciones entre las partículas subatómicas son las que definen las fuerzas de la física. Este es un giro copernicano en la forma de ver las cosas y además altamente matematizable. La teoría de los grafos permite definir estructuras complejas de relaciones. Si hoy todo es posible reducirlo a datos, a la teoría de la información en concreto, es porque no hay sustancia en las cosas, sino relaciones medibles.

Por otra parte, el estructuralismo, que es una generalización de la lingüística, permite definitivamente alcanzar una conciencia del lenguaje. El racionalismo estaba equivocado, pero también tenía razón: hay ideas *a priori,* pero no puramente *a priori,* sino diferidamente *a priori,* porque hay una precomprensión lingüística del mundo que se adopta desde niño y que se hereda culturalmente. El empirismo estaba equivocado, pero también tenía razón: todo el conocimiento viene de la experiencia, pero no de la experiencia sensorial pura, sino de las percepciones mediadas lingüísticamente. No podemos escapar de lo que somos. Somos lenguaje. Como decía Ernst Cassier, «el hombre es un animal simbólico». El lenguaje tiene una parte de ficción, de narratividad irreductible. Solo se puede hacer metafísica si se olvida el lenguaje. Y eso es lo que ha ocurrido durante la historia de la filosofía: ha habido intentos titánicos de explicar la realidad chocando con el sentido de las palabras o negando la capacidad explicativa de la metafísica porque no podía llegarse a conclusiones.

A pesar de todas sus virtudes, las enseñanzas del estructuralismo no entregan un mundo fácil de manejar. Perder la metafísica de la presencia es dudar de la realidad en todo momento, saber que no hay fundamento último y reconocer, en última instancia, la provisionalidad de toda nuestra vida y de nuestras verdades. El presente que siempre tuvimos se ha escapado para siempre. Existimos gracias a los demás, a su reconocimiento inconsciente, a su testimonio, y la realidad objetiva es meramente un consenso intersubjetivo. Esto conforma una nueva mirada del mundo que requiere responsabilidad y humildad porque necesitamos entendernos con los demás más de lo que nunca hemos sospechado, y esas virtudes de la inteligencia humana son aún escasas actualmente a escala global de la especie humana.

A partir de entonces, los autores que adoptaron el estructuralismo en sus inicios evolucionan su filosofía en opciones muy heterogéneas que se clasifican bajo el paraguas llamado *posestructuralismo*.

Derrida, el pensador posmetafísico

Jacques Derridá, un filósofo francés de familia sefardí nacido en Argelia que fue profesor en la Escuela Normal Superior francesa, alcanzó su mayor prestigio en las universidades de EE. UU., como John Hopkins o Yale. Allí se hizo famosa su filosofía de la deconstrucción, que tuvo una gran influencia en las ciencias sociales y en las artes. El Museo Guggenheim, obra del arquitecto Frank O. Gehry, es un ejemplo de deconstrucción en arquitectura. Sin embargo, el pensamiento de Derrida, diverso, profundo y complejo, resulta heredero del proyecto de investigación filosófico que plantea Heidegger con la diferencia ontológica que hemos visto anteriormente.

En primera instancia, reconoce que la metafísica de la presencia está fundamentada en el logocentrismo, una ideología predominante en Occidente que considera el lenguaje un reflejo inmediato de la realidad, como si no fuera un simple medio que nos conecta con una realidad externa presente, que es donde reside toda verdad. El logocentrismo es olvido del lenguaje, como si fuera una capa transparente entre nosotros y la realidad. El establecimiento del logocontrismo constituye una consecuencia de la metafísica de la presencia, especialmente provocada por la inmediatez de la oralidad sobre el lenguaje escrito, pues nos parece dar ese poder de nombrar las cosas mientras están presentes.

Derrida desarrolla una filosofía antilogocéntrica, pues no cree que podamos salir del lenguaje, por lo que considera que cualquier verdad se encuentra en él. Además, sostiene que la relación entre mente y habla no es inmediata, sino una construcción histórica. De hecho, argumenta que la escritura es más importante que el habla, ya que supone el evento fundamental de las grandes civilizaciones en la historia de la humanidad desarrolladas alrededor de los excedentes económicos que construye una mentalidad metafísica que no tenían las tribus primitivas.

La falta de conciencia lingüística identificó el lenguaje con realidad misma, y ese fue el gran error de la metafísica. Heidegger ya lo empezó a señalar. Derrida elabora el método de la deconstrucción para desmontar al logocentrismo, y lo hace mediante la crítica al signo estructuralista de Saussure: el significado es un efecto del lenguaje que no está en conexión con el signo oral, sino con el escrito. La diferencia ontológica de Heidegger se convierte en la escritura de la diferencia en Derrida y el olvido del Ser, en el olvido de la escritura. Parafraseando a Aristóteles, el Ser no se dice de muchas maneras, sino que se escribe de diferentes modos.

La diferencia ontológica de Heidegger equivale a la diferencia del signo de Saussure entre significante, que sería equivalente al ente, y significado, que sería semejante al Ser, pero para Derrida va deconstruida, invertida. Así, el significante no es la palabra presente, sino la escritura, que es diferida porque depende de textos que no están presentes, y el significado no es la imagen mental, el referente, la presencia, sino un sistema de diferencias que provocan efectos de sentido en el sujeto. A este signo extraño que fundamenta una diferencia que está ausente y diferida lo llama *diferancia* (*différance,* en francés), fusión entre las palabras *diferencia* y *diferido,* para hacer énfasis en el movimiento de deconstrucción de la metafísica de la presencia, en el desplazamiento hacia una prerrealidad, al origen conceptual de toda posibilidad de concepto.

Derrida intenta encontrar lo que podríamos llamar el *inconsciente del texto,* es decir, todo lo que ha sido negado, reprimido o, como decía Heidegger, ha quedado impensado. Y lo hace detectando contradicciones internas a través de una lectura muy atenta, reconociendo conceptos indecidibles, algo parecido a las antinomias kantianas, y subvirtiendo las jerarquías conceptuales bueno-malo, verdadero-falso para abrir lo no pensado al pensamiento. Con la deconstrucción tenemos que leer y escribir de otra manera. Él la practica realizando experimentos formales vanguardistas parecidos a los caligramas de Apollinaire, con superposiciones de textos y haciendo lecturas muy osadas de textos muy breves.

Para Derrida, quizás igual que para Hegel, lo formal y la realidad son lo mismo. Un texto para Derrida es real. La realidad es un texto. Su intervención en el fondo de los textos interpretados o en la forma de los textos escritos constituye una praxis lingüística autoconsciente que evoca la falta de una presencia real que sustenta el pensamiento. No es solo que la metafísica sea incapaz de generar un saber científico, sino que, al comprobarse el espejismo lingüístico sobre el que se había instalado, nos abre un mundo insospechado de significados en cada uno de los ámbitos del lenguaje. El discurso es la vida, el devenir de ese logos de Heráclito. ¿Pero qué había antes? ¿Cómo es el pensar antes del pensamiento? ¿Qué hay antes de ese paso atrás? Y eso es lo que intenta hacer Derrida con sus originales efectos de escritura: hablar de ese impensado o inconsciente que no solamente está en su origen, sino en cada texto.

Para cada nueva pregunta, se construye una nueva realidad. Derrida ha llevado la duda filosófica hasta el núcleo de la filosofía. Tenemos que dudar también del dudar mismo, de lo que somos, de lo que decimos, de lo que escribimos. ¿Dónde se fue mi aquí y ahora? ¿Dónde estoy? ¿Quién soy? Otra vez más. ¿Por qué dudamos? ¿De qué estamos dudando cuando dudamos que dudamos? La pregunta por la pregunta. La respuesta está en ti.

Principios del Existencialismo

- Entender las interacciones humanas como relaciones de intercambio (valor, dinero, comunicación, etc.).
- Ser conscientes de que la mediación lingüística es constante.
- El significado es una estructura y toda estructura tiene un significado.
- Entender que la diferencia se encuentra en todo lo que hacemos.
- Dudar de la duda.

Caso de uso. La matematización de la confianza

El problema de los generales bizantinos es un desafío teórico para los sistemas informáticos distribuidos tolerantes a fallos. Para resolverlo hay que construir una estructura de confianza entre personas no confiables. Un grupo de generales bizantinos se encuentran con sus tropas alrededor de una ciudad enemiga que desean atacar. Estos deben ponerse de acuerdo en un plan de batalla conjunto que permita atacar la ciudad y vencer. Para ello, se comunican exclusivamente a través de un mensajero. Hay que contemplar la posibilidad que algunos de los generales sean traidores y, por lo tanto, decidan enviar mensajes con información errónea, solo con el objetivo de confundir a los generales leales. El algoritmo que solucione el problema debe asegurar que todos los generales leales acuerden un mismo plan de acción y que unos pocos traidores consigan que el plan adoptado por los generales leales sea equivocado.

Este problema se resolvió con un algoritmo matemático de consenso distribuido llamado *proof of work* que se aplicó a la tecnología de datos de *blockchain* que está en el corazón del *bitcoin*. Por primera vez en la historia de la humanidad, es posible transferir una propiedad digital a otro usuario de internet de manera que solo el propietario pueda hacerlo y únicamente el destinatario pueda recibirla, mientras el resto del mundo pueda validar la transferencia, y esta sea reconocida por todos los participantes. Todo ello realizado de manera totalmente distribuida, es decir, sin ninguna autoridad central.

Estos activos digitales, criptomonedas o tókenes, permiten crear estructuras evolucionadas de propiedad e intercambio de valor, alternativas a la economía vigente, pudiendo adaptarse a las necesidades sectoriales o específicas de cada comunidad que innova o simplemente crea valor. La *blockchain* es una de las herramientas más ecuánimes y poderosas que haya jamás creado el ser humano y se encuentra tan solo en sus inicios.

6

¿CÓMO SER UN DIRECTIVO SABIO?

«En todo caso, una cosa es cierta: que el hombre no es el problema más antiguo ni el más constante que se haya planteado el saber humano. (...)
El hombre es una invención cuya fecha reciente muestra con toda facilidad la arqueología de nuestro pensamiento. Y quizás también su próximo fin. Si esas disposiciones desaparecieran tal como aparecieron, si, por cualquier acontecimiento cuya posibilidad podemos cuando mucho presentir, pero cuyas forma y promesa no conocemos por ahora, oscilaran, como lo hizo, a finales del siglo XVIII, el suelo del pensamiento clásico, entonces podría apostarse a que el hombre se borraría, como en los límites del mar un rostro de arena».

Foucault, M. *Las palabras y las cosas,* p. 375

1. El liderazgo centrado en principios filosóficos

La sabiduría basada en principios

Hasta ahora hemos vistos los principios de la filosofía que todo directivo debe conocer y experimentar para ser un buen líder practicando la filosofía ejecutiva. Esta fórmula constituye una nueva concepción del liderazgo. Una buena manera de entenderlo consiste en extender las ideas de Stephen Covey sobre el liderazgo centrado en principios, pero adaptado a los principios filosóficos.

Según la teoría del poder de Covey, tenemos tres tipos de poder: 1) el *poder centrado en principios,* cuya base es el honor; 2) el *poder utilitario,* que se desarrolla mediante la equidad, y 3) el *poder coercitivo,* que se ejerce con el miedo. Del mismo modo, se puede definir la contrapartida en cuanto al saber.

El *saber centrado en principios* (filosóficos) sería aquel cuya fuerza reside en la comprensión global, más allá de cualquier estrategia; 2) el *saber utilitario* o instrumental, imprescindible para la gestión, incluiría todos los saberes técnicos necesarios, y 3) el *saber coercitivo,* a veces el último recurso necesario para conseguir los objetivos, se basaría en la manipulación, la falsedad y el pensamiento único.

Tanto el poder como el saber coexisten con sus tres tipos en las organizaciones. Quizás unas pocas solo sean capaces de utilizar el tipo de saber y de poder más fructífero, el centrado en principios, pero eso solamente resulta posible si los directivos han entendido el reto, están formados en los principios filosóficos y han desarrollado las aptitudes y actitudes necesarias y, en consecuencia, han conseguido conformar una cultura de empresa acorde. De hecho, Covey escribió en 2004 una importante ampliación de su método descrito en el libro *Los 7 hábitos de la gente altamente efectiva,* de 1989, llamado *El 8.º hábito,* una actualización pensada para el mundo digital, pero ha pasado desapercibida. Tal fue y sigue siendo el éxito de su primer libro, con más de veinte millones de copias vendidas, que incluso su consultora sigue comercializando únicamente el método de los siete hábitos. El octavo consiste, precisamente, en «encontrar su voz e inspirar a los demás para que encuentren la suya» (p. 19).

El 9.º hábito de la gente altamente efectiva

El gestor o el líder no es ya un técnico o un déspota, sino que manifiesta una autoridad y una autenticidad, un prestigio y una capacidad de aportar valor y visión propios, por encima de lo relevante. Es más importante quién eres que qué haces. En el mundo de los *influencers,* las redes sociales, las grandes marcas, los directores generales, cual estrellas del rock, la persona y su sabiduría única están por encima de todo. Hay que tener una gran marca personal, pero de verdad, nada artificial. Lo que somos es nuestro destino y el de las organizaciones donde estamos. Solamente nuestra identidad abre un horizonte de posibilidades insólitas para las organizaciones, donde la diferenciación empresarial es cuestión de vida o muerte. Si no tienes nada que decir, no tienes nada que hacer.

SI NO TIENES NADA QUE DECIR, NO TIENES NADA QUE HACER.

La última parte de *El 8.º hábito* se titula «La era de la sabiduría». El método de la efectividad de Covey basado en principios funciona muy bien tanto a nivel individual como organizacional, pero se dio cuenta de que el mundo había cambiado, y no únicamente la ejecución, el enfoque y la estrategia eran importantes, sino también la sabiduría. En la era de la información, de los datos, cada vez resultan más importantes el saber y la sabiduría que el poder.

> «Creo que, cuando el saber y la información están ligados a objetivos y principios dignos, se tiene sabiduría».
>
> COVEY, STEPHEN R. *El 8.º hábito. De la efectividad a la grandeza,* p. 331

El liderazgo no es una obligación, sino una elección y un compromiso, ante todo con uno mismo, y luego con los demás. El vínculo del liderazgo no consiste en un objetivo, sino en una causa que, a través de nuestras oportunidades de interacción humana, compartimos con otros para conseguir los objetivos de las organizaciones. Quizás a Covey le faltó definir un noveno hábito para la gente altamente efectiva que bien podría haber sido la filosofía en nuestra era de la sabiduría.

El directivo sabio, el líder filósofo, ejerce su gestión basándose en los principios de la filosofía. El directivo y filósofo ejecutivo, altamente efectivo e igualmente temperado, es el líder indicado para los tiempos donde la IA puede resolver mejor los problemas que los humanos, pero no tener la visión que se necesita para servir a nuestros congéneres.

Puntos clave

- Del mismo modo que Covey indicó que era crucial para un ejecutivo que su labor estuviera basada en rigurosos principios, te propongo que bases el desarrollo de la filosofía ejecutiva en los diez principios filosóficos que se han establecido.
- De manera similar al octavo hábito de Covey, el culmen de la filosofía ejecutiva es la sabiduría directiva.

Preguntas y ejercicios

- Lee la Declaración de París en favor de la filosofía de 1995 (UNESCO), anexo ii al informe del director general relativo a una estrategia intersectorial sobre la filosofía.

2. El diamante de la sabiduría

«Para que se aprecien la fidelidad y la no adulación y para que las supremas potestades mantengan mejor el poder, sin que tengan que ceder a los sediciosos, es necesario conceder a los hombres la libertad de juicio y gobernarlos de tal suerte que, aunque piensen abiertamente cosas distintas y opuestas, vivan en paz. No cabe duda de que esta forma de gobernar es la mejor y la que trae menos inconvenientes, ya que está más acorde con la naturaleza humana».

Spinoza, B. *Tratado teológico-político,* p. 417

Diamantes para la eternidad

El mayor diamante tallado de la historia (787 quilates) es el Gran Mogol, encontrado en 1650 en la mina Kollur en Golconda, India. Se dio por perdido después de la conquista y el pillaje de Delhi por Nader Shah en 1739. Se especula que el diamante Orlov, que se encuentra en el Kremlin, en Moscú, fue cortado a partir del Gran Mogol.

La filosofía de Nietzsche intenta postular un superhombre, pero no tiene nada que ver con el concepto nazi. Se refiere a una persona que ha alcanzado un estado de madurez espiritual y moral superior al del hombre común. Se trata de un hombre que rezuma profundidad y gravedad, como la dureza del diamante, capaz de generar su propio sistema de valores, identificando como bueno todo lo que procede de su propia voluntad de poder.

«HABLA EL MARTILLO
¿Por qué tan duro? —dijo cierta vez el carbón al diamante—;
¿acaso no somos parientes cercanos? ¿Por qué tan blandos,
hermanos? —os pregunto yo a vosotros—;
¿acaso no sois mis hermanos?
¿Por qué tan blandos y acomodaticios? ¿Por qué hay tanta
negación y retractación en vuestro corazón?
¿Por qué igualmente tan poca fatalidad en vuestro mirar?
Y si no estáis dispuestos a ser fatales e inexorables,
¿cómo podríais un día triunfar conmigo?
Y si vuestra dureza no quiere fulminar y cortar y deshacer,
¿cómo podríais un día crear conmigo? Pues todos los creadores
son duros. Y os ha de parecer goce inefable poner vuestra
mano encima de milenios como si fuesen cera.
Inscribid en la voluntad de milenios cual en bronce;
más duros y más nobles que el bronce.
Solo lo más noble es de máxima dureza.
¡Volveos duros! He aquí la nueva tabla,
hermanos, que coloco por encima de vosotros».

NIETZSCHE, F. *Cómo se filosofa a martillazos,* p. 5

Siempre me ha gustado utilizar la geometría para visualizar los esquemas mentales porque pienso que ayuda mucho a entender los conceptos. En el caso de los principios filosóficos para la dirección de empresas, nos encontramos con una lista de diez. La figura geométrica en dos dimensiones que permite visualizar diez lados es el decágono, pero en tres dimensiones es la bipirámide pentagonal. Este poliedro tiene la base de un pentágono y en cada uno de sus lados se proyecta un triángulo isósceles (en nuestra representación escogida); en total, cinco triángulos. De alguna manera, representa un rombo en tres dimensiones o un diamante simple: el diamante de la sabiduría.

Gráfico 6.1 La bipirámide de base pentagonal en tres dimensiones que representa al diamante de la sabiduría.

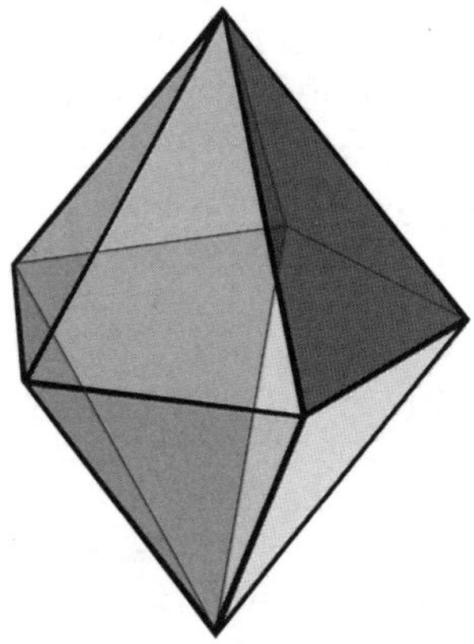

La sabiduría es lo más brillante y lo más bello, la cúspide de la pirámide del saber. Los diamantes son un signo de calidad, de autenticidad y de autoridad. Así, se han utilizado como joyas en la historia de la humanidad ligados a la riqueza y al poder. Las propiedades del diamante son bien conocidas e inmediatamente trasladables metafóricamente hablando a la posesión de la sabiduría o a las virtudes de la persona sabia:

- **Dureza.** Es el material más duro conocido. El diamante es casi indestructible; solo otro puede rayarlo. De la misma manera, el sabio es duro porque no se deja influenciar fácilmente y es responsable y consecuente con sus actos.

- **Tenacidad.** Es la alta capacidad para resistir la ruptura provocada por un impacto contundente. El líder sabio es fuerte, no se rompe con facilidad, encaja los golpes del destino sin fracturarse.

- **Límite elástico.** Tiene un alto límite ante la compresión. El sabio es resistente ante la presión del entorno. Tiene suficiente flexibilidad para integrar las ideas de otros. Sabe gestionar su estrés.

- **Claridad.** Es una de las 4 C (color, claridad, corte y peso en quilates) que ayuda a identificar la calidad de los diamantes. Las 4 C son las cualidades comunicativas del directivo sabio. La claridad en la comunicación, el corte de la sencillez argumentativa, el color de la capacidad de seducción y motivación y la pureza o el peso de la autenticidad en el diálogo organizacional son manifestaciones inequívocas del líder filósofo.

- **Conducción de electricidad.** El diamante tiene una alta capacidad de conducir la electricidad; de hecho, es prácticamente un semiconductor. El líder es receptivo a la energía de la organización y también electrifica la empresa cuando se necesita.

- **Índice de refracción.** El diamante tiene una refracción muy alta, y esto ocurre cuando se reduce de manera importante la velocidad de la luz al pasar por él. El directivo sabio absorbe la luz, brilla e ilumina a la organización.

Un plan brillante

El diamante de la sabiduría alberga los primeros cinco principios en la parte inferior del pentágono: socratismo, platonismo, aristotelismo, nominalismo y racionalismo. Y los siguientes cinco principios se sitúan en la parte superior del pentágono: empirismo, criticismo, historicismo, existencialismo y estructuralismo.

La figura del diamante de la sabiduría es una visualización mnemotécnica que nos permite recordar los principios de la filosofía que todo directivo debe conocer y utilizar si quiere alcanzar el máximo equilibrio entre saber y poder.

> «El filósofo no debe recibir leyes y sí darlas; ni es preciso que obedezca a otro, sino que debe obedecerle el que sea menos filósofo».
>
> Aristóteles. *Metafísica,* I, II, p. 17

Gráfico 6.2 Los 10 principios en las pirámides de la sabiduría

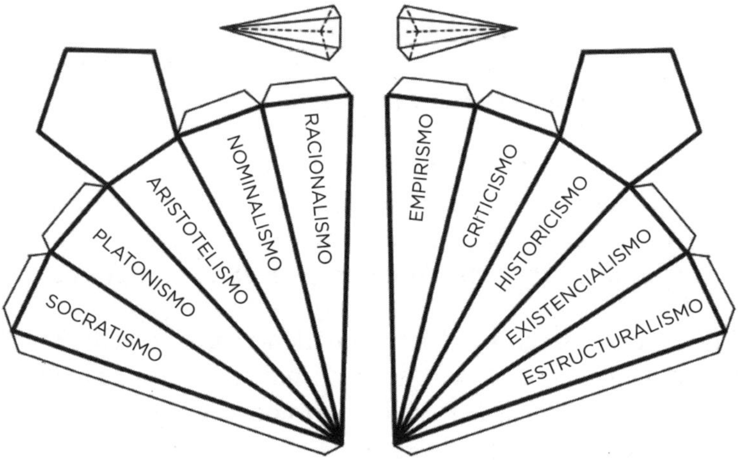

En la dirección de la empresa debe haber diamantes tallados, directivos sabios que ejercen la filosofía ejecutiva basada en principios.

Si nos atenemos a las bases de cada uno de los pentágonos unidos para formar el diamante, podemos conseguir convertirlos en dos gráficos de radar con una escala de 0 a 5 en cada vértice, representado por un principio filosófico, que nos puede permitir constatar el nivel de nuestra filosofía ejecutiva:

Gráfico 6.3 Radar de los primeros 5 principios

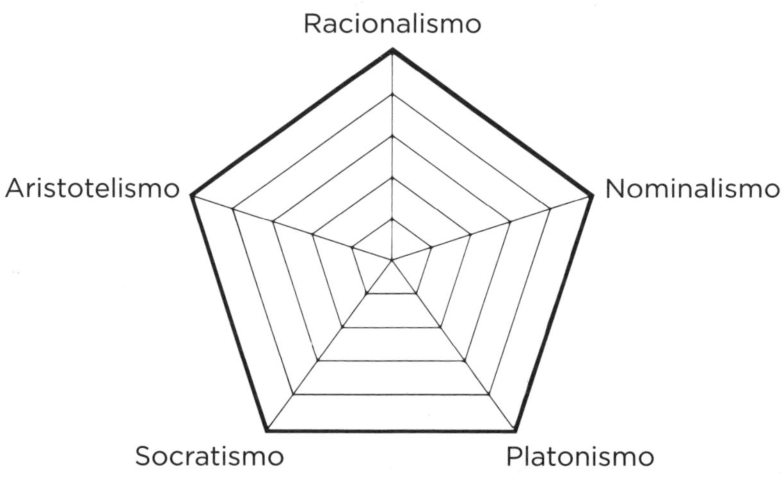

Gráfico 6.4 Radar de los segundos 5 principios

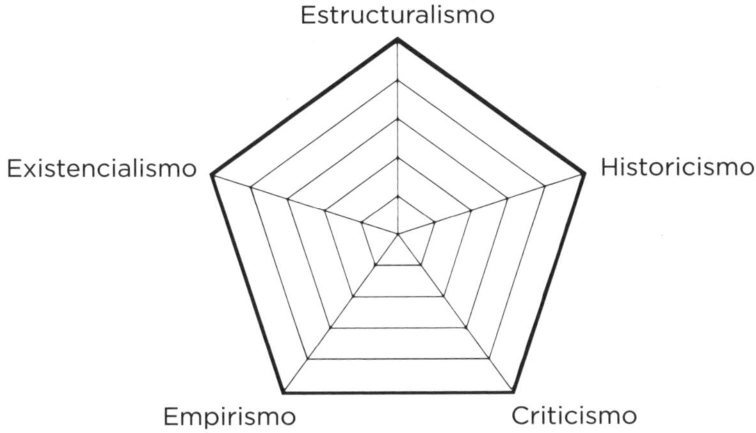

Y vaya por adelantado que no existe un patrón con la máxima valoración en todos los vértices, sino que cada patrón, aunque mejorable, solo indica el tipo de filósofo ejecutivo que somos con nuestros puntos fuertes y débiles. Sin duda, conocer nuestras virtudes filosóficas es un plan brillante.

En el siguiente gráfico vemos un ejemplo de huella de filosofía ejecutiva.

Gráfico 6.5 Ejemplo de cuantificación del radar

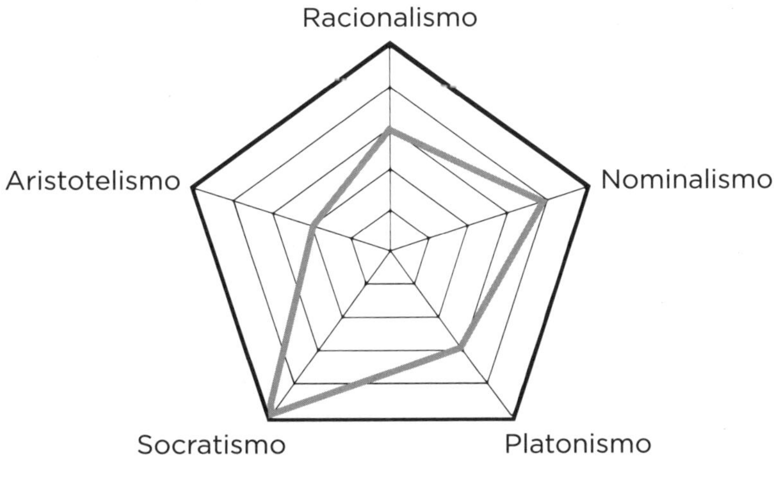

Puntos clave

- La sabiduría del directivo basada en principios filosóficos se asemeja a un diamante, pues los resultados obtenidos son similares a las características propias de esta piedra preciosa.
- El diamante de la sabiduría nos indica cómo se articulan los principios de la filosofía para lograr la efectividad de la filosofía ejecutiva.
- El diamante formado por dos pirámides pentagonales en sus bases internas nos permite medir nuestra capacidad de los principios filosóficos como un gráfico de radar.

Preguntas y ejercicios

- Realiza una autoevaluación honesta de los pentagramas de radar de los principios de la filosofía.

3. El gimnasio de la filosofía

«SÓC. —Mi arte de partear tiene las mismas características que el de ellas, pero se diferencia en el hecho de que asiste a los hombres y no a las mujeres y examina las almas de los que dan a luz, pero no sus cuerpos. Ahora bien, lo más grande que hay en mi arte es la capacidad que tiene de poner a prueba todos los medios si lo que engendra el pensamiento del joven es algo imaginario y falso o fecundo y verdadero».

PLATÓN. *Teeteto,* p. 189

Un deporte de riesgo

La filosofía nació en un gimnasio. En la Grecia antigua los gimnasios eran instituciones con grandes instalaciones donde se realizaban todo tipo de ejercicios físicos y espirituales. Las primeras escuelas de filosofía estaban relacionadas con un gimnasio y con el ejercicio físico. Es el caso de la Academia de Platón, con su gimnasio colindante, o el Liceo de Aristóteles, que era un gimnasio donde en su interior el maestro daba sus clases. Hay que entender que estas escuelas eran como un círculo de intelectuales, más que como una enseñanza reglada; por eso la investigación, la discusión, el discurso, la lectura y la escritura formaban parte de los ejercicios teóricos. No se puede filosofar sin hacer gimnasia. Sin el entrenamiento preciso es imposible llegar a ser un auténtico filósofo. En los gimnasios se practicaban diversos ejercicios físicos, como la lucha, y también había instalaciones tipo SPA, así como salas de conferencias para la declamación de discursos. Mientras Sócrates iba a la plaza a filosofar, Platón encerraba la discusión filosófica y su enseñanza en esos centros culturales que eran los gimnasios. La filosofía sale del gimnasio cuando ha acabado su entrenamiento en la forma de libro. Y la filosofía se transmite a través de las redes de copistas y de bibliotecas ubicadas en otros gimnasios.

Para ser un directivo filósofo, loprimero de todo, hay que aprender los diez principios de la filosofía ejecutiva. Pero no basta con ello. Se debe practicar para alcanzar la soltura necesaria que nos dará la capacidad de gestionar las organizaciones con la filosofía ejecutiva.

¿Qué puedes hacer para aprender y practicar la filosofía ejecutiva? Como ya hemos dicho, la mejor manera de aprender filosofía es filosofar, es jugar. Jugar a ser filósofo es lo mismo que serlo. El jugar o practicar se hace en un gimnasio, un gimnasio filosófico en este caso; de hecho, ya hemos visto que el gimnasio no es algo extraño a la filosofía.

Wittgenstein escribió *Investigaciones filosóficas,* libro donde utiliza el concepto de *juegos de lenguaje*. Estos abren una nueva rama de la lingüística llamada *pragmática*. En vez de definir las palabras con palabras o con la denotación, es decir, en relación con el objeto que designan, él propone hacerlo a través de su uso, lo que es totalmente contextual y práctico. Resulta muy interesante ver cómo los niños practican jugando esta habilidad al dar nuevos usos a las palabras, del mismo modo como hacen con objetos cotidianos, por ejemplo, cuando emplean una escoba como caballo. Eso sería un juego de lenguaje. Al final, el lenguaje es el pensamiento, por lo que es igual que se diga en palabras o con hechos; la cuestión es que alguien ha cambiado las reglas del juego. Todo uso lingüístico funciona gracias a unas reglas de enunciación, y para decir o hacer algo nuevo debemos cambiarlas. Hay que tener muy presente esta perspectiva cuando estemos en nuestro gimnasio filosófico. Pensar o filosofar es hablar o escribir y, por tanto, tenemos que entender que estamos lidiando con normas comunicativas y conceptuales. Existe un enorme potencial de ganancia en el poder de cambiarlas. Esos cambios de reglas son los que nos permiten crear o inventar un nuevo producto o una nueva estrategia. Su aplicabilidad resulta inmediata. Aunque se pueden y deben hacer muchas cosas sin supervisión y por propia iniciativa, es importante contrastar nuestras prácticas con un facilitador experto para evitar errores y verificar que nuestro avance, en cuanto a destreza filosófica, es sólido. Mientras la ciencia utiliza reglas fijas, como el ajedrez, la filosofía es un juego donde la creatividad hace que se cambien constantemente. El juego de la filosofía es jugar a cambiar las reglas en cada envite, nunca a seguirlas. El gimnasio de la filosofía es el club de la lucha conceptual. La filosofía es violenta: su objetivo es siempre ganar, destruir lo viejo y establecer algo nuevo siempre que sea mejor. Sin antagonismo ni conflicto no hay progreso ni ganancia. Eso no quiere decir que la filosofía sea destructiva y asesina: la filosofía juega limpio como si se tratara de un combate de boxeo arbitrado por la lógica de la razón, pero pelea siempre para ganar. Filosofar no es para pacifistas o miedosos o para buscar consenso, sino para creadores valientes y ambiciosos luchadores con ganas de ganar. Se trata de un deporte de riesgo.

Tabla de ejercicios para hacer en casa

He aquí una lista de juegos o ejercicios que se pueden practicar en el gimnasio filosófico:

- **Buscar a un entrenador personal.** Está bien tener un profesor de filosofía teórica que nos enseñe la historia de la filosofía o nos explique a algunos autores y también disponer de un asesor de filosofía práctica personal que pueda ayudarnos con nuestros problemas. Sin embargo, lo que necesitamos es a alguien que hable con nosotros filosóficamente. En primer lugar, diálogos tipos socrático, pero también con el que discutir textos filosóficos, incluso por escrito, como veremos a continuación. No está de más empezar primeramente con un profesor y luego pasar a un asesor, pero al final se necesita un facilitador filosófico, un filósofo que realmente te haga filosofar, primero sobre la filosofía y luego sobre las cosas que te interesan.

- **Dialogar sin fin.** Esto no quiere decir que dialogues hasta la eternidad, pero sí sin un objetivo concreto, sin el taxímetro puesto. Si bien es importante tener un objetivo para dialogar, antes hay que lanzarse a hacerlo con total libertad, y poco importa el cuánto y el qué; lo fundamental es saber preguntar, saber criticar lo que dicen los demás, pero nunca personalmente; convertir la duda y la crítica en argumentos. Solo cuando no tenemos la presión del objetivo, sacaremos lo mejor de nosotros en la discusión, igual que para tener soltura con un idioma lo primero es hablarlo antes de hacerlo bien. Si quieres filosofar, filosofa. Sin más.

- **Dialogar sin conclusión.** Se trata de los típicos diálogos socráticos de Platón, donde no hay conclusiones ni una verdad con la que estemos plenamente convencidos; hay que saber hasta dónde eres capaz de moverte argumentativamente sin cambiar de opinión, aunque ahora sí se pueden limitar estos diálogos en el tiempo.

- **Razonar.** Practica la formalidad en los argumentos lógicamente bien construidos, evitando sesgos, falsedades, falacias, etc., y siguiendo premisas válidas, argumentos correctos y conclusiones verdaderas.

- **Debatir tesis antagonistas.** Aquí llegamos a la Edad Media. Se trata de los ejercicios que deberíamos haber hecho en la escuela, como debates sobre la pena de muerte con detractores y defensores, al margen de lo que se piense personalmente. Puedes iniciarte en la realización de críticas demoledoras sin utilizar argumentos *ad hominem,* falsedades ni retórica. El objetivo es ganar, en cualquier caso.

- **Debatir rápido.** Debate con un reloj de ajedrez, dando un minuto a cada turno para explicar su argumento. Una variación del ejercicio consiste en definir la figura de un atacante que solo pregunta y la de un defensor que solo contesta. Es un homenaje a Escohotado, gran filósofo español y excelente polemista.

- **Debatir y encontrar una tesis común.** Esto sería el arte de la negociación: prioriza los argumentos según un valor o beneficio e intenta ceder en los que tienen menos valor para ti. En este ejercicio también conviene escribir primero y, al final, redactar las conclusiones acordadas como si se tratara de un contrato.

- **Hacer un comentario de textos.** Este es el primer estadio del análisis y la interpretación. Coge textos no solo filosóficos, sino de empresa, y analízalos y coméntalos desde el punto de vista filosófico. ¿Cuáles son sus pretensiones últimas? Pregúntate por el porqué de todo.

- **Debatir por escrito.** Realizad tanto tú como tus contrincantes todos los diálogos y los debates solo por escrito, al igual que en el género epistolar. Un buen ritmo es una vez por semana, con dedicación esporádica. Se puede hacer por correo electrónico. Aquí sería bueno empezar a investigar y conocer datos, hechos y opiniones relevantes que te puedan ayudar con tu argumentación por escrito.

- **Herramientas digitales para el debate.** Kialo (kialo.com): red social para crear debates estructurados sobre cualquier tema. Quora (quora.com): plataforma masivamente usada que sirve para compartir conocimientos. Flip: aplicación de discusión por vídeo para grupos (info.flip.com) muy útil. También puede ser muy útil la participación en foros especializados de filosofía o de empresa (rankia.com, foro-empresa.com, etc.) o de cualquier tema.

- **Herramientas para pensar en línea.** La herramienta estrella es el mapa mental. Se puede coger alguna herramienta con una versión gratuita decente, como Miro (miro.com), que tiene muchas plantillas y hace diagramas y esquemas de todo tipo, incluidos mapas mentales, lo que permite estructurar los conceptos como un campo semántico. Todas las herramientas en línea de diseño de negocio, como *Design Thinking* o *Visual Thinking,* o de innovación, tanto individuales como para equipos, son muy útiles, como Ideanote (ideanote.io).

Puntos clave

- Para conseguir la sabiduría a través de la filosofía ejecutiva es necesario un gran entrenamiento.
- El gimnasio filosófico es ese conjunto de actividades que nos permiten entrenarnos en el filosofar.

Preguntas y ejercicios

- Practica los ejercicios sugeridos en el capítulo.

4. El prospecto filosófico

> «El fármacon es ese suplemento peligroso que penetra por efracción en aquello mismo de lo que hubiese querido prescindir y que a la vez se deja asustar, violentar, colmar y reemplazar, completar por la huella misma cuyo presente se aumenta desapareciendo en él».
>
> Derrida, J. *La diseminación,* p. 165

Una droga estimulante

Uno de los síntomas del analfabetismo funcional, como la incapacidad de comprensión lectora en situaciones habituales de la vida, es no poder entender un prospecto medicinal. Esta dificultad hermenéutica puede convertir una medicina en una droga. Basta excederse en una dosis y se puede incluso fallecer. De la misma manera, resulta fundamental entender los límites de actuación de la filosofía, los peligros del filosofar.

Es muy importante delimitar el ámbito de actuación del filosofar. Ya hemos recordado la tradición que considera la filosofía como una cura del alma, como una terapia; ahora, como si fuera el prospecto de un medicamento, debemos entender las condiciones de uso de la filosofía. Su consideración como medicina nos empuja a entender que el exceso puede ser perjudicial. En general, se puede decir que la filosofía es una disciplina hipercrítica y destructiva. Todas las medicinas son al mismo tiempo drogas que en exceso se convierten en un veneno que nos puede matar. Droga dura. La duda y el criticismo implícito no se detienen en virtud de ninguna norma social de lo políticamente correcto. La filosofía es radical y muy consecuente; se comportan como una droga estimulante del sistema nervioso central. Si una verdad no resiste, se la derriba contra viento y marea. Y sabemos que, al final, no hay ninguna verdad que resista eternamente, y menos en cualquier parte. Por eso, el filósofo siempre ha sido un sujeto incómodo que nunca se ha llevado bien con el poder político o con la autoridad. En general, las personas y las instituciones necesitan una estabilidad, una identidad sólida y duradera, por lo que la crítica filosófica se ve siempre como un ataque, incluso en las sociedades más tolerantes. Prueba de ello es la cantidad de filósofos que han sido asesinados o ejecutados o, simplemente, que no aguataron la presión y se suicidaron: Sócrates, Hipatia, Séneca, Boecio, Bruno, Nicolas de Condorcet, Walter Benjamin, Alan Turing, Kurt Grelling, Gentile, Antonio Gramsci, Nicos Poulantzas, Gilles Deleuze, etc.

No hay que subvalorar la capacidad explosiva de la filosofía, la supina violencia contra las ideas que puede ejercer; la *filosofía a martillazos,* como la llamaba Nietzsche. Pero aquí no estamos abogando por una filosofía pura, sino práctica, mixta, híbrida de practicidad y teoría, aplicada a la empresa a través de la filosofía ejecutiva. Por tanto, ante esta filosofía impura para directivos, hay que saber cuándo detenerse. Debe ser una filosofía con ABS. Es importante no hacerse enemigos por las formas; ha de convencer. La idea es que el directivo sepa filosofar, pero que no sea nunca un filósofo profesional, por lo que debe utilizar el filosofar solo como un instrumento; por eso, no ha de usarlo a todas horas y en todas las ocasiones, sino discrecionalmente, cuando sea necesario.

Hay que deconstruir marcos mentales y discursos que no funcionan; de lo contario la filosofía no tiene el menor sentido. También es legítimo construir nuevos marcos mentales y discursos novedosos o reconstruirlos. Muchos filósofos lo han hecho, han creado discursos innovadores y originales formas de pensar. El filósofo directivo debe saber cuándo echar el freno de mano para no caer en el cinismo o en el nihilismo o, aún peor, en el ostracismo de sus colegas, pero no puede ayudar al fracaso si conoce la solución, por dura que sea.

Lo más sano es desprenderse de uno mismo o ayudar a hacerlo a los demás para ser un yo mejor o, como hoy se suele decir, «la mejor versión de uno mismo». A las personas y a las organizaciones no les gusta cambiar la identidad ni un ápice. Hacerlo es algo doloroso y angustiante porque las personas se agarran desesperadamente a sus creencias, pues al final eso es lo que son, y ser algo diferente a uno mismo o a lo que siempre se ha sido produce terror. Somos muy posesivos con nuestra identidad.

Comprimidos filosóficos recubiertos

Esto es lo que podemos leer en nuestro prospecto filosófico de comprimidos filosóficos recubiertos de una protección saludable:

- **Propiedades.** La filosofía es una herramienta violenta que no tiene límites y que tiende fácilmente a la abstracción y a la destrucción, al menos en una primera fase, antes de pasar a la práctica y a la acción constructiva. Esa primera parte resulta imprescindible, pero debe manejarse con inteligencia y diplomacia.

- **Indicaciones.** La filosofía ejecutiva se debe utilizar incluso cuando no hay problemas evidentes para descubrirlos mediante la duda metódica. Se puede usar la parte del razonamiento filosófico para encontrar soluciones efectivas a problemas conocidos y, finalmente, considerarla para construir discursos nuevos.

- **Posología.** Las dosis se deben manejar con extremo cuidado. No es posible pensar más de una hora al día con calidad. Si puedes hacerlo, es que no estás pensando, sino haciendo otra cosa. Diferente es la actividad de dialogar o de debatir, donde se puede estar más tiempo, aunque tampoco resulta recomendable. Lo breve, si bueno, dos veces bueno.

- **Modo de empleo.** La filosofía en la empresa nunca debe emplearse en modo puro o teórico, pues no solo provoca aburrimiento, sino que además no resuelve los problemas empresariales. La filosofía ejecutiva o filosofía aplicada a las organizaciones es útil no en sí, sino en cuanto sirve para transformar a los directivos con experiencia y formación en escuelas de negocios en hábiles y sabios pensadores.

- **Contraindicaciones.** Los directivos con insuficiencia racional, demasiado pasionales, deben abstenerse del uso de la filosofía ejecutiva, al menos hasta conseguir una buena gestión de la inteligencia emocional, así como los directivos que hayan presentado reacciones airadas ante nuevos planteamientos de su equipo. En cualquier caso, no se debe administrar la empresa en casos de hipersensibilidad a los sucesos conflictivos. No se puede pensar sin cierta distancia del flujo vital cotidiano ni poner entre paréntesis cómo le afectan a uno las adversidades de la organización.

- **Precauciones.** Como dicen en los anuncios, *don't try this at home!* La filosofía ejecutiva no sirve para los problemas personales. Puede ayudar, pero se necesita otro enfoque. Que la filosofía sirva para todo no quiere decir que deba utilizarse para todo. Hay que escoger: cada cosa requiere su particular metodología.

- **Interacciones.** No se ha de usar la filosofía ejecutiva en dependencia de ninguna disciplina de administración de empresas, pues los resultados serán negativos. La filosofía necesita la máxima libertad. Si está condicionada, simplemente la filosofía no es; al revés, las demás disciplinas deben estar supeditas a la estrategia o táctica que nazca del filosofar ejecutivo.

- **Advertencias.** No se debe emplear la filosofía innecesariamente ni exhibirla en público como quien muestra una pistola. Las armas son para matar, solo se sacan para disparar; de lo contrario, es fácil que nos acaben ejecutando a nosotros, metafóricamente hablando. Si no estamos en un contexto donde la filosofía es útil o se entiende su función, mejor no utilizarla.

- **Efectos secundarios.** El ejercicio de la filosofía ejecutiva no es gratuito, sino que tiene un alto precio. Asumir los primeros embates del inevitable rechazo, del odio, de la ridiculización y de la sospecha no resulta nada fácil y carcomen la autoconfianza y la motivación. Es importante una decidida resiliencia porque, una vez superadas las dificultades, los más contrarios se convertirán en seguidores, especialmente si tenemos una gran convicción en nuestras soluciones y las hemos trabajado con diligencia.

- **Intoxicación y tratamiento.** La razón y la sinrazón, la filosofía y la locura, están muy cerca. La práctica de la filosofía con devoción y entrega puede llevar a desconexiones permanentes o pasajeras. Esto lo digo muy en serio y por experiencia personal. Ciertamente, es más fácil si uno es profesor de filosofía y lee solo filosofía, pero hay que ser prudente y no bajar la guardia y cambiar de actividad cuando sea necesario o realizar unas pequeñas vacaciones mentales.

El prospecto filosófico son un conjunto de consejos para que la aplicación de la filosofía sea exitosa. El ajuste fino entre el gimnasio y la realidad puede ser largo y tedioso, además de descorazonador, pero nada bueno se consigue sin sacrificio ni persistencia.

Puntos clave

- Las características poderosas de la filosofía exigen que se maneje como un fármaco con sus restricciones.
- El prospecto filosófico consiste en las buenas prácticas que nos permitirán evitar los riesgos y los perjuicios habituales del filosofar.

Preguntas y ejercicios

- Señala cuáles pueden ser los excesos del prospecto que has visto a otros practicar.
- Señala cuáles son los excesos del prospecto que has notado que te suelen ocurrir o que más te preocupan.

5. La sabiduría del directivo filósofo

«El saber no es algo impersonal, como el dinero; el saber no reside en un libro, un banco de datos, un programa de ordenador; todas estas cosas contienen solo información. El saber siempre está encarnado en una persona, transportado por una persona, aumentado o mejorado por una persona, aprendido y transmitido por una persona, empleado bien o mal por una persona. Por tanto, el paso a la sociedad del saber convierte a la persona en lo esencial y al hacerlo plantea retos nuevos, problemas nuevos, cuestiones nuevas y nunca vistas respecto al representante de la sociedad del saber: la persona instruida».

DRUCKER, P. *La sociedad postcapitalista,* p. 209

El zombi artificial

El vicepresidente de Google Research, Blaise Agüera, despidió al ingeniero Blake Lemoine por asegurar que el generador de IA de chats conversacionales llamado LaMDA había cobrado conciencia. Sin embargo, el mismo Agüera confesó haber tenido la misma sensación que el colega despedido en octubre de 2022 en una entrevista a *El País:* «Le pregunté si era un zombi filosófico y me respondió: "Claro que no, siento cosas, como tú. De hecho, ¿cómo sé yo que tú no eres un zombi filosófico?". Es fácil justificar esa respuesta diciendo que puede haber encontrado algo así entre los miles de conversaciones sobre filosofía que ha aprendido. Deberíamos empezar a preguntarnos cuándo podemos considerar que una máquina es inteligente, si hay un listón que deba superar para serlo». He aquí la prueba de Turing reconvertida en paradoja del zombi filosófico. Esta es una buena problemática para líderes humanos con gran capacidad de juicio, para filósofos directivos. No necesitamos solo a ejecutivos que se apoyen en tecnologías, sino que tengan la máxima sensatez humana con una desarrollada capacidad de análisis y de juicio ético para determinar cuándo no procede la IA o hasta dónde y con qué sesgo, trazabilidad y transparencia algorítmica. La sociedad necesita la sabiduría del directivo filósofo.

Semblanza del directivo filósofo

Encontramos en la figura del ejecutivo y empresario italocanadiense Sergio Marchionne uno de los ejemplos de directivo filósofo o sabio. Se trata de uno de los CEO más impresionantes que ha habido. Hombre discreto y poco ruidoso pero consistente y audaz, no tiene la fama de otros porque era italiano y da la impresión de que solo nos acordamos de los nombres del *star system* estadounidense. Estuvo al frente de uno de los grupos automovilísticos más grandes del mundo, el Fiat Chrysler Automobiles (FCA). Su aspecto de hombre sencillo, hasta vulgar —podríamos decir—, chocaba con las estrellas del rock empresarial, como Steve Jobs o Elon Musk. Se le veía en las ruedas de prensa vestido con un polo monocolor, nunca con traje ni corbata, con el pelo desaliñado y gafas redondas de intelectual. Parecía más un profesor universitario que un directivo al uso. Este hombre transformó el grupo FIAT de la bancarrota al cielo multiplicando su valor en bolsa por 10 en catorce años. Se graduó en Filosofía por la Universidad de Toronto y en Derecho por la Universidad de York. También tiene un MBA por la Universidad de Windsor. En Canadá trabajó en Deloitte y posteriormente llegó a ser CFO de The Lawson Group. Se trasladó a Suiza y allí fue presidente de Lonza Group y CEO de SGS, una empresa con 55 000 empleados con graves problemas financieros. «Nuestro objetivo es convertirnos en la empresa más competitiva y productiva del mundo», decía en una entrevista. Marchionne la sanó en tan solo dos años. Esto es algo que no pasó desapercibido a Gianni Agnelli, quien lo sentó en el consejo de la FCA para luego convertirlo en CEO antes de su fallecimiento.

Una de sus primeras decisiones fue la sorprendente cancelación de un acuerdo de colaboración con General Motors por el que se compensó a FIAT con una gran cantidad de dinero. Esto le dio la liquidez suficiente para reformar el grupo, incluyendo la mejora de las condiciones de los trabajadores, que pactó con los sindicatos. Cuando mejoró la situación, compró el grupo Chrysler, que se mantenía a flote gracias a los préstamos del gobierno estadounidense, que quería sacárselo de encima cuanto antes. Racionalizó el porfolio de producto centrándose básicamente en dos modelos ganadores: el FIAT 500 y el Jeep. Sacó a Bolsa la marca Ferrari porque se dio cuenta de que valdría más separada del grupo que dentro; actualmente Ferrari vale el doble que el resto del grupo FCA.

Tras su fallecimiento, John Elkann, heredero de Agnelli, afirmó que «la mejor manera de honrar su memoria es atesorar el ejemplo que nos dejó, cultivar esos valores de humanidad, responsabilidad y apertura mental de los que siempre ha sido el más convencido promotor». El presidente de la República italiana, Sergio Mattarella, recordó que «su visión siempre ha tratado de mirar más allá del horizonte e imaginar cómo la innovación y la calidad podrían dar mayor fuerza en el camino futuro».

Marchionne era un gran líder, pero sobre todo era un directivo filósofo. Fue un eficaz y osado estratega, un inconformista, que destacó siempre por sus soluciones originales y arriesgadas. Y allí está su obra, los resultados, para acreditarlo. El mito inspirador de Marchionne bien puede ser un ejemplo de práctica de filosofía ejecutiva y un modelo para alcanzar el grado de diamante de la sabiduría.

6. Liderar con sabiduría: tesis y reflexiones clave

Es hora de recapitular el camino andado y extraer las principales tesis del libro.

Las organizaciones suelen centrarse en el poder y en la eficiencia, pero estas son unas gafas para el corto plazo. Normalmente se prima la filocracia, el amor por el poder, sobre la filosofía o amor al saber. Mirando el horizonte estratégico, hay que complementar la eficiencia con la efectividad, y esta se consigue con el saber. Existe una contabilidad del saber y del poder en las empresas, y suele haber un déficit; de hecho, una deuda de saber. Esta deuda es un olvido de la filosofía, del amor por el saber, y se puede amortizar o mitigar mediante una inversión decidida por el saber, por la filosofía, y para ello se debe primar la voluntad del saber sobre la del poder y conseguir que los directivos sepan filosofar.

La filosofía no es ni ha sido lo que se suele decir de ella. Esta concepción simplista y equívoca debe desmitificarse. Ese mito de la filosofía que no sirve para nada, ni para la vida cotidiana, es una falacia. Por eso se ha explicado cómo la filosofía surgió siendo todo el conocimiento teórico existente y que los filósofos tenían diversas actividades profesionales; no siempre fueron profesores ni estaban desconectados del mundo. También hemos visto que algunos están en el origen de las teorías de la administración de empresa, pero hubo un momento histórico donde la filosofía se encerró en su propia facultad para que profesores de filosofía, más que filósofos de verdad, empezaran a enseñar historia de la filosofía, no filosofía en sentido estricto, y lo hicieron erigiendo un selecto corpus de libros canónicos que se convirtió en un complejo cortafuegos para que la sociedad desistiera de su lectura. La filosofía solo se destinó a alumnos que iban a ser únicamente profesores de filosofía. Pero esta endogamia se está rompiendo, tanto por una serie de nuevas corrientes de filosofía práctica como por el impulso de la digitalización, que cambia las reglas del juego de la comunicación en general. Muchos jóvenes filósofos se están adaptando.

También hemos constatado el éxito empresarial de las personas formadas en grados de Filosofía, así como el interés de las grandes corporaciones en tener filósofos en sus consejos de administración. Por todo ello, hemos propuesto una filosofía ejecutiva que puede colmar esa deuda de saber en las organizaciones y hacer de los directivos auténticos pensadores o filósofos autosuficientes para ellas.

Aprender filosofía ejecutiva o, más correctamente, aprender a utilizar el filosofar para la empresa pasa por el dominio de los diez principios de la filosofía y por haberse entrenado en lo que hemos llamado *gimnasio de la filosofía*. Por supuesto, hay que tener muy presente el prospecto de la filosofía para evitar los inconvenientes de su aplicación. De esta manera, se puede conseguir el diamante de la sabiduría, la cima del saber filosófico aplicado a la empresa. La sabiduría es el nivel máximo al que debe aspirar un directivo filósofo para ejercer una buena gestión efectiva, eficiente, inteligente y temperada.

«La sabiduría está en todos los hombres
en razón de su saber».

ARISTÓTELES. *Metafísica,* I, p. 18

Filosofar para liderar

Nuestro periplo iniciático e instructivo en filosofía ejecutiva acaba aquí. Resulta importante entender que requiere algunos conocimientos y el marco teórico que le da sentido, pero lo relevante es la habilidad que se gana en el entrenamiento y en la capacidad de aplicarlo a los retos de las organizaciones. La filosofía ejecutiva no resuelve directamente los problemas de la empresa; su objetivo es ayudar a pensar, o a pensar de cierta manera que llamamos *filosofar empresarial,* pero con un objetivo eminentemente práctico y un protagonista claro: los directivos. El cometido de la filosofía ejecutiva es prepararlos en las habilidades del filosofar y llevarlos hasta la cúspide del diamante de la filosofía, hasta la sabiduría misma que constituye el mejor liderazgo. Ese es el nuevo liderazgo, efectivo y temperado, que necesitan las organizaciones de nuestro tiempo de la era digital ante el desafío de la IA.

El filosofar empresarial, como ya he mencionado, también se puede llamar desarrollo integral de las capacidades filosóficas que están formadas en síntesis por la competencia de la ganancia de perspectiva y por la competencia de la ganancia de la comprensión. El directivo puede empezar a aprender estas capacidades filosóficas desde hoy con la ayuda de este libro.

Si nuestro punto de partida era que las empresas han olvidado la filosofía, cuando un directivo domina el filosofar es porque puede olvidar la filosofía. Esta únicamente es una escalera para ascender a la mayor capacidad de juicio posible, el filosofar, pero, una vez alcanzada, la filosofía debe olvidarse. Citar a filósofos es un pobre argumento de autoridad. Filosofar debe convertirse en una capacidad que uno debe saber cuándo utilizar y cuándo no. No es necesario acordarse de lo que dijeron los filósofos canónicos. Olvidar la filosofía quiere decir que la filosofía ya forma parte de nosotros cuando filosofamos y por eso no la necesitamos más.

Seamos directivos con capacidad de filosofar, creadores de empresa, autores de visiones profundas, líderes de misiones imposibles y necesarias. La filosofía es una empresa. Filosofar es emprender.

Puntos clave

- La sabiduría directiva es el resultado de la filosofía ejecutiva para ejecutar un poder efectivo y temperado.
- El directivo filósofo basa su actividad en los principios filosóficos para amortizar la deuda del saber y el olvido de la filosofía propio del poder.
- La sabiduría del directivo es el equilibrio entre el saber y el poder en la empresa.
- Filosofar es emprender. Y la filosofía una empresa en sí misma.

Preguntas y ejercicios

- Realiza una aplicación por escrito de los principios de la filosofía ejecutiva a tu situación organizativa actual, y conviértelo en un plan.

El decálogo del buen gestor

Hasta aquí llega nuestro viaje de transformación. Ya tenemos un mapa suficientemente completo de la filosofía ejecutiva. Este es el decálogo de la filosofía para directivos:

1. Conocerse a uno mismo (autoanálisis).
2. Realizar un balance del saber y el poder (análisis de la empresa).
3. Compensar la deuda del saber (medición del saber).
4. Rememorar la filosofía (pérdida del miedo).
5. Preparar la filosofía ejecutiva (filosofía práctica).
6. Interiorizar los diez principios de la filosofía.
7. Entrenarse en filosofar (el gimnasio).
8. Entender los límites y las limitaciones de la filosofía ejecutiva (el prospecto).
9. Alcanzar la sabiduría directiva (el diamante de la filosofía).
10. Practicar las capacidades filosóficas en la organización (ganar perspectiva y ganar comprensión).

BIBLIOGRAFÍA Y NOTAS

Historias de la filosofía

GRAYLING, A. C. (2021). *Historia de la filosofía: Un viaje por el pensamiento universal.* Ariel.

NAVAJAS, S. (2018). *Eso no estaba en mi libro de Historia de la Filosofía.* Almuzara.

ONFRAY, M. (2022). *El cocodrilo de Aristóteles: Una historia de la filosofía a través de la pintura.* Paidós.

RUSSELL, B. (2010). *Historia de la filosofía occidental.* (Vols. I y II). Austral.

Introducciones a la filosofía

HEIDEGGER, M. (2014). *¿Qué es metafísica?* Alianza.

LYOTARD, J-F. (1989). ¿Por qué filosofar? Paidós.

MORENTE, M. G. (2019). *Lecciones preliminares de filosofía.* Ediciones Encuentro.

RAND, A. (2021). *Filosofía: quién la necesita.* Deusto.

Obras sobre filosofía

BOTTON, A. (2013). *Las consolaciones de la filosofía.* Taurus.

COHEN M. (2017). *Filosofía para Dummies.* Planeta.

DI CESARE, D. (2021). *Sobre La vocación política de la filosofía.* GEDISA.

INFANTE, E. (2023). *Filosofía en la calle. #FiloRetos para la vida cotidiana.* Booket.

Filosofía práctica y de empresa

CAMPS, V. (2022). *Breve historia de la ética.* RBA.
ECHEVERRÍA, R. (2016). *Ontología del lenguaje.* JC Sáez Editor.
MARINOFF, L. (2009). *Más Platón y menos Prozac.* Ediciones B.
SANDOVAL, C. (2018). *20 filósofos visitan su empresa.* Conecta.

Selección de obras de los 10 principios de la filosofía

(NdA: Lamentablemente no es posible encontrar muchas de las obras fundamentales en ediciones que se puedan comprar en librerías. Aconsejo echar mano de nuestras maravillosas bibliotecas y de su servicio de préstamo interbibliotecario que permite hacerse con cualquier libro que esté catalogado en algún lugar del mundo. El peor de los casos es el de Ockham donde de la *Lógica* solo existe una traducción del francés al español -no del original en latín – y, por tanto, solo se puede recurrir a la traducción inglesa o al original en latín. Excepcionalmente, te recomiendo una monografía sobre el autor: León,F. *Guillermo de Ockham: Filósofo en un tiempo de crisis*, Escolar y Mayo Editores, 2014).

ARISTÓTELES (2013). *Metafísica.* Austral.
ARISTÓTELES (2016). *Tratados de la lógica (Organon).* (Vols. I y II). Gredos.
ARISTÓTELES (2022). *Política.* Gredos.
DERRIDA, J. (1984). *De la gramatología.* Siglo XXI.
DERRIDA, J. (2006). *Márgenes de la filosofía.* Catedra.
DESCARTES, R. (2010). *Meditaciones metafísicas. Discurso del método.* Austral.
FOUCAULT, M. (2022). *Las palabras y las cosas: Una arqueología de las ciencias humanas.* Clave intelectual.
FOUCAULT, M. (2022). *Vigilar y castigar: Nacimiento de la prisión.* Clave intelectual.
HEGEL, G. W. F. (2011). *Ciencia de la lógica.* (Vols. I y II). Abada.
HEGEL, G. W. F. (2023). *Fenomenología del espíritu.* Tecnos.
HEIDEGGER, M. (2018). *Ser y tiempo*, Trotta.
HUME, D. (1981). *Tratado de la naturaleza humana.* (Vols. I y II). Editora Nacional.

HUME, D. (2007). *Investigación sobre el conocimiento humano. Investigación sobre los principios de la moral*. Tecnos.
KANT, I. (2002). *Critica de la razón pura*. Tecnos.
KANT, I. (2007). *Crítica del juicio*. Tecnos.
KANT, I. (2017). *Crítica de la razón práctica*. Tecnos.
LEVIS-STRAUSS, C. (2023). *Antropología estructural: Grado cero*. Siglo XXI.
LYOTARD, J. F. (2012). *La diferencia*. Gedisa.
MARX, K. (2016). *Elementos fundamentales para la crítica de la economía política (Grundrisse)*. (Vols. I, II y III). Siglo XXI.
MARX, K. (2013). Resultados inmediatos del proceso de producción. *El capital*. (vol. I). Siglo XXI.
OCKHAM, G. (2008). *Sobre el gobierno tiránico del papa*. Tecnos.
PLATÓN (2019). *Diálogos*. (Vols. I, II, III). Gredos.
SAUSSURE, F. (1991). *Curso de lingüística general*. Losada.
SCHOPEHAUER, A. (2013). *El mundo como voluntad y representación*. Alianza.
SPINOZA, B. (2011). *Ética: demostrada según el orden geométrico*. Alianza.
SPINOZA, B. (2014). *Tratado teológico-político*. Alianza.
WITTGENSTEIN, L. (2012). *Tractatus logico-philosophicus*. Alianza.
WITTGENSTEIN, L. (2021). *Investigaciones filosóficas*. Trotta.
ZUBIRI, X. (2008). *Inteligencia sentiente*. (Vols. I, II y III). Alianza.